COLLECTION POÉSIE

ANDRÉ BRETON

Clair de terre

PRÉCÉDÉ DE
Mont de Piété,
SUIVI DE
Le Revolver à cheveux blancs
ET DE
L'Air de l'eau

PRÉFACE D'ALAIN JOUFFROY

nrf

GALLIMARD

INTRODUCTION
AU GÉNIE D'ANDRÉ BRETON

Il y a des hommes qui rêvent, qui pensent et qui aiment au même moment, des hommes qui parlent et dont la parole est une écriture indélébile dans l'espace et dans le temps, des hommes qui regardent et dont le regard éveille le monde, des hommes qui écrivent et dont les livres sont des actes, des événements, des respirations de l'histoire, des hommes qui marchent et dont les pas sont d'autant moins perdus qu'on ne sait jamais où ils vont les porter, des hommes qui connaissent l'amitié, la passion, la colère, l'ennui, et qui n'excluent jamais leurs sentiments de leurs idées, la théorie de la pratique, des hommes qui vivent en vue de la révolution et qui connaissent la blessure de chaque minute, même frivole, des hommes qui s'enfoncent dans la présence et dans l'absence comme dans une seule et même merveille et qui ne se dérobent pas devant la souffrance, des hommes qui ne plient jamais leur conduite aux principes de la morale traditionnelle, leurs goûts à l'esthétique, et qui pourtant, en tout, et toujours, demeurent à l'affût de nouvelles valeurs, et d'une autre beauté. Ces hommes sont intolérants, violents, absolus, on les admire et on les hait, on les vénère et on

les craint, on les lit et leur lecture change la vie, on leur
parle et l'on ressent un vertige inexplicable, parfois on
perd leur piste, mais toujours on la recoupe au moment
où l'on s'y attend le moins, on voudrait pouvoir tout
leur dire et l'on désire ne jamais les décevoir : ils savent
si bien vous révéler à vous-même, ils suscitent en vous
une telle nostalgie de la vérité que, face à eux, le mieux
qu'on puisse faire, c'est d'être soi-même et tous les hommes
que l'on hérite de soi, le mieux qu'on puisse espérer,
c'est d'incarner toutes les pensées brisantes dans chaque
geste, dans chaque silence, dans chaque mot.

Ces hommes, la société les appelle des poètes, et parfois
ils consentent à ce qu'on les traite comme tels. Car ce mot
de poète transporte bien des malentendus, que chacun
traîne comme un cartable depuis l'école. En cette seconde
moitié du XXe siècle où l'homme tente de se libérer de
l'attraction terrestre, on continue de considérer les poètes
comme des hommes en marge, des romantiques qui ont
la manie de passer à la ligne plus vite que les autres, et
d'écrire des choses que l'on ne devine que par une sympa-
thie indulgente d'où la raison semble exclue. On oublie
que Stendhal, comme Nerval, était romantique. Les
poètes sont les écrivains les plus rigoureux, les esprits
les plus tranchants et les plus clairvoyants, et dans leurs
livres ils n'interrompent pas forcément leurs lignes : il
leur arrive d'appeler Poésies un recueil de préceptes et
de maximes, et même — c'est le cas de Lautréamont
— de ne jamais écrire un seul vers. Il leur arrive de pré-
voir avant leurs contemporains des événements qui concer-
nent l'humanité entière, et de créer en quelque sorte la pré-
réalité de l'histoire. Il leur arrive enfin de constituer des
systèmes de pensée que l'on appelle théories, et d'agir sur
l'esprit, sur la vie de leurs lecteurs par le magnétisme

dont ces systèmes sont chargés. Ainsi, tout ce que ces hommes réalisent, tout ce qu'ils pensent, tout ce qu'ils vivent, de leur naissance à leur mort et même au-delà, s'appelle poésie.

Parmi la cohorte de ceux qui écrivent des poèmes, les poètes sont très rares. Il y en a qui ne croient qu'au poème, et qui se refusent obstinément à écrire « en prose », mais qui ne sont pas davantage poètes qu'ils ne sont... disons charbonniers. A dire vrai, de nombreuses femmes, de nombreux hommes qui ne composent pas de poèmes sont beaucoup plus proches des poètes que les innombrables fabricants de vers et d'Arts poétiques. C'est pour ces femmes, pour ces hommes que les poètes travaillent, c'est pour eux d'abord, parce que c'est d'eux que dépendent la réelle transformation du monde, le définitif changement de la vie. Car les poètes proposent ce que l'on nomme leurs « poèmes » comme des rencontres, des événements, de l'histoire vivante et à vivre. Pour eux, le livre n'est pas un objet de consommation, mais l'atome central et la périphérie réels de l'univers. Ouvrir leurs livres permet de se jeter dans le tout, de jouer sa vie comme un va-tout. Tel que le poète le conçoit, le livre-objet devient un simulacre par rapport à ce qu'il dit, à ce qu'il déclenche en cascade dans la conscience de ses lecteurs.

André Breton, parmi tous les poètes vivants, est certainement le plus grand. Cela ne fait aucun doute pour tous ceux qui, ayant lu Novalis, Nerval, Rimbaud, Lautréamont, Apollinaire, ont découvert dans la poésie la plus complète recréation possible de l'être humain. Cela ne fait aucun doute pour tous ceux qui reconnaissent la poésie comme une révolution qui se décide minute par minute, partout où elle se manifeste librement et sans limites. Cela ne fait aucun doute pour tous ceux qui refusent de compar-

*timenter la poésie selon les fichiers des historiens et des
professeurs, et qui, dans l'amour, dans l'érotisme, dans
l'action politique, dans la vie quotidienne, dans le raison-
nement et dans le rêve, ressentent le besoin fondamental
de tout déborder, de tout faire éclater, de tout surmonter,
de tout réinventer. Cela ne fait aucun doute, enfin, pour
tous ceux qui savent retrouver dans une page des* Vases
Communicants, *par exemple la page 124 de la dernière
édition, la même pensée, la même vie, oui,* exactement la
même pensée et la même vie, pour tout dire la même
exigence et le même risque, *que dans* Il y aura une fois,
la stupéfiante préface au Revolver à cheveux blancs,
ou dans n'importe quel poème de Clair de Terre. *L'œuvre
d'André Breton ne se divise pas : elle forme un rocher
mouvant et indissoluble, un monument naturel où les
oiseaux de passage, quelles que soient les couleurs de
leurs plumes, s'intègrent aux détails les plus saugrenus
de l'architecture. Tel mouvement d'humeur du* Second
Manifeste du Surréalisme, *telle restriction mentale
signifiée dans* Ajours, *telle phrase des* Deux Manifestes
Dada *dont Breton est également l'auteur, par exemple :
«* Il ne peut plus être question de ces dogmes : la morale
et le goût *», le texte d'introduction à Jacques Rigaut dans
l'*Anthologie de l'Humour noir, — « *le plus beau présent
de la vie est la liberté qu'elle vous laisse d'en sortir à votre
heure* » — *ne peuvent être saisis que dans la mesure où
tous les poèmes de Breton, de* Mont de Piété *à* Constel-
lations, *des introuvables et inoubliables* Champs magné-
tiques *à ses plus lapidaires réponses au jeu du* Cadavre
Exquis, *font partie de notre connaissance et de notre vie.
A mes yeux, rien de ce monument ne saurait être détaché
sans que le centre de gravité qui le tient en équilibre au-
dessus du vide historique d'une société antirévolution-*

naire ne soit gravement déplacé. La poésie d'André Bre-
ton commence au moment où, pour la première fois, on
l'entend parler de la nuit à sa femme et à sa fille, assises
toutes deux en face de lui à une table, dans un quelconque
hôtel du Finistère. Mais elle commence également au
moment où, très jeune, il écrit sa première lettre à Paul
Valéry, au moment où il signe avec Trotzky Pour un art
révolutionnaire indépendant, *au moment où, plus tard,*
il s'embarque pour les Antilles après l'interdiction de
Fata Morgana *et de l'*Anthologie de l'Humour noir *par*
la police de Vichy, au moment où il prend la parole au
gala du Monde libertaire *pour défendre en pleine guerre*
d'Algérie les objecteurs de conscience, au moment, aussi,
où, de nouveau assis à une table, dans un autre hôtel du
Finistère, il découpe un matin un article du Télégramme
de l'Ouest *intitulé :* « Alain est chaque jour le petit
poucet de la forêt d'Huelgoat pour ses jeunes voisins
qu'il conduit à l'école », *et où il le donne à cet ami à qui*
il vient de le dédicacer dans la marge. Breton est conti-
nuellement poète, *comme l'air est continuellement*
l'air, même s'il devient pluie, brouillard ou neige. Pour
lui, la poésie est le futur de l'homme : les poèmes qu'il ne
consent que rarement à publier et plus rarement encore à
republier, ne sont que les plaques tournantes, les foyers
cristallins d'une histoire beaucoup plus vaste que la
sienne, une histoire qui fait de lui l'un des pivots du
monde qui bascule vers nous. Que les champions de la
littérature se rassurent : ce monde ne les regarde pas.
Ils n'en ont aucune idée. Que les classificateurs, que les
critiques littéraires spécialisés s'y résignent : ce monde
est la négation de toute volonté conservatrice. Rien ne
pourra empêcher qu'ils soient étrangers à l'aventure dont
je parle ici. La poésie, mise en question d'une société

où l'on commet encore le crime de séparer l'esprit du corps, la pensée de la réalité tout entière, affirme par sa seule possibilité *l'ouverture à un monde dont le silence provisoire est un poème sans fin.*

Un poème sans fin : tel serait le poème commencé par Breton et Soupault cinq ans avant la naissance du surréalisme, quand ils entreprirent en 1919 d'écouter la voix intérieure, la voix médiumnique qui est, à elle seule, l'écriture automatique même. Tous les poèmes que Breton écrivit à la suite des Champs magnétiques, *jusqu'au moment où il déclara, en décembre 1933, que « l'histoire de l'écriture automatique dans le surréalisme serait, je ne crains pas de le dire, celle d'une infortune continue », sont de la pensée qui s'improvise et se jette au feu, sans autre but que sa propre découverte, son propre élargissement. Quatre ans plus tard cependant, comme de courts fragments de* Tournesol, *écrit en 1923, lui revenaient à la mémoire pendant sa toilette du matin, Breton devait se rendre à l'évidence qu'un poème lâché, un poème dont la forme ne le satisfaisait pas entièrement puisqu'il ne l'a pas repris dans* Le Revolver à cheveux blancs, *un de ces poèmes qui ont l'air de venir d'on ne sait où, l'air indifférent et lointain de quelque chose qui ne vous concerne pas, l'air de s'en aller d'un côté où l'on n'aimerait pas se diriger de gaieté de cœur, un de ces poèmes qui ressemblent à des coups de sonde jetés au hasard dans une mer trop huileuse ou trop démontée, coïncidait mot par mot, image par image, avec les circonstances amoureuses d'une promenade nocturne du côté de la Tour Saint-Jacques que Breton venait de faire peu de temps avant ce matin-là. On le voit, l'infortune de l'écriture automatique peut, aussi bien, se convertir à retardement en fortune. La chance, la chance fascinante à laquelle* un homme doué d'antennes peut parfois avoir accès, résidait donc dans l'abandon premier à la cascade des mots, des images. L'écriture automatique, c'est l'entrouverture de la chance, la saisie de l'insaisissable nécessité, la percée du mur que l'individualisme non-révolutionnaire dresse entre l'homme et le monde, le présent et le futur, l'homme et la femme, la réalité et le rêve, mais c'est, surtout, l'invention d'une écriture de vie, d'une vie de l'écriture, qui abat les cloisons étanches que l'on oppose aux tourbillons dans un navire qui doit couler.

Car on confond le principe de l'écriture automatique avec l'utilisation qui en a été faite. Mais le poète sait que ce principe demeure, au-delà de tous les tics d'écriture et de tous les procédés, la clé d'une libération de la pensée sans laquelle il n'y a plus qu'à mourir. Lisez Breton : l'automatisme surgit dans sa phrase comme le génie à l'état pur, il lui impose tous ses appels et tous ses retours de flamme, il laisse immanquablement imprévisible la suite de chaque ligne, de chaque page. Aussi cadencée, aussi articulée, aussi majestueuse soit sa phrase, le souverain caprice est sa seule loi : la danse de l'esprit lié au corps, la danse mentale qui engage l'être entier lui fait prendre des risques dont il ne se croyait pas capable. Du Corset Mystère au dernier poème de L'air de l'eau, la marée n'est jamais régulière, jamais monotone la voix, jamais attendu le vers, la surprise se rend omniprésente : c'est le jet, le premier jet, l'inévitable, l'irremplaçable premier jet, qui décide de l'attaque, du thème, des variations, des interruptions, des incidentes, de tout. Le génie d'André Breton consiste à avoir su donner au premier jet l'autorité d'un mot d'ordre auquel nul poète ne saurait se dérober ans perdre toutes ses chances.

Théoricien et poète de cet automatisme qui a boule-

versé irrémédiablement tous les systèmes d'écriture et de pensée précédents, Breton ne saurait être que le plus grand des poètes révolutionnaires qui ont vu le jour en France à la fin du XIXᵉ siècle (il est né, je le rappelle pour les amateurs de précision, en 1896). Théoricien et poète de l'automatisme, il a, pour la première fois depuis Lautréamont, fait passer la poésie avec toutes ses armes de l'autre côté d'un genre littéraire, pour la première fois depuis Apollinaire il a montré que la poésie ne se limitait pas au livre, mais que livre était la vie, était la rue, était la rencontre, était l'événement, et qu'ayant été tout cela le livre ne cesse pas de le devenir, dans la mesure où l'espace et le temps du livre sont la perception, l'expérience diurne et nocturne d'une réalité qui n'est pas encore debout, d'une réalité qui se soulève, et dont la Réalité dont on nous rebat les oreilles est le fantôme, ou, à la rigueur, l'esquisse exécutée au ralenti. Ainsi le réalisme, qui n'a jamais été qu'un lamentable théâtre d'ombres, devient-il aujourd'hui la plus vaine escroquerie intellectuelle que l'homme puisse commettre contre lui-même. Par contre, ses principes et sa théorie étant encore supérieurs à ses « produits », le surréalisme se présente comme une préface à la pensée future, comme le seuil à partir duquel l'homme va cesser d'être séquestré dans des catégories défuntes, dans ce carcan culturel qui asphyxie sa vie mentale, sa vie amoureuse, sa vie pratique, sa vie politique. Cela fait quarante ans que ça dure, me dira-t-on. Je répondrai qu'il a fallu soixante-neuf ans pour que le communisme parvienne à renverser ses ennemis, et que nous vivons depuis quarante-deux ans une sorte de Commune de la pensée, une Commune encerclée par des Versaillais qui accroissent tous les jours le nombre de leurs armes et de leurs espions, une Commune où la liberté de l'esprit ne peut s'organiser qu'en état de défense. Je suis de ceux qui pensent que la liberté du corps et la liberté du mental auront un jour leur révolution de 17, et que Dix-sept renversera toujours Soixante et onze.

« La courbe blanche sur fond noir que nous appelons pensée » n'appartient à personne, pas même à celui qui la formule. Pour le poète, le monde, le sang et la pensée ne font qu'un. Être dans la pensée, c'est saigner dans le monde. Pour Breton, qui a merveilleusement souligné que Lautréamont et Rimbaud « se sont montrés l'un et l'autre d'implacables théoriciens », la poésie doit non seulement être faite par tous, mais partout, en toutes circonstances, et sans jamais aucune exception. Si la poésie s'arrêtait quelque part, s'il y avait une frontière à partir de laquelle on cesserait de vivre la poésie, le poète cesserait du même coup d'exister, et le suicide serait vraiment l'unique solution. Tant que la pensée est là, tant qu'elle peut se lancer dans une possibilité dont la fin ne sera jamais déterminée à l'avance, tant que l'écriture automatique peut se faire entendre, fût-ce dans un étrange article de journal, fût-ce dans une conversation chuchotée à l'aube avec une femme, fût-ce sur le revers blanc d'un paquet de cigarettes, fût-ce même en prison, tant que la chance est là, béante, tant que l'infortune et la fortune sont en balance, la poésie reste la seule énergie qui puisse permettre à l'homme de ne pas considérer l'absence de plaisir, l'absence d'amour comme un mal intolérable. Dans les circonstances les plus angoissantes, les plus avilissantes qu'un poète peut traverser, il y a le hasard, il y a la chance, il y a cet entrecroisement formidable de la nécessité naturelle et de la nécessité individuelle, et c'est précisément au lieu de cette intersection, lieu mental, lieu physique, que se poste le combattant de

*la Commune de l'esprit dont je parle. C'est précisément
en ce lieu que Breton écrit ce qu'il écrit, vit ce qu'il vit,
écrit ce qu'il vit (Nadja, Les Vases communicants,
Arcane 17) et vit ce qu'il écrit (Les Manifestes, Point
du Jour, L'Amour fou, La Clé des Champs), c'est dans
ce « peu de réalité » que surgit une réalité qui submerge
tout et ne sépare rien. Toute la poésie de Breton, toute
véritable poésie, se définit comme un hasard qui n'est
pas seulement objectif et subjectif, mais volatilisateur,
un hasard où « l'espace du dedans » est visible, là, sur la
page comme dans le crépuscule sillonné de rage et de
mouettes, dans les papillons transparents qui par cen-
taines mitraillent la lampe sous laquelle la femme qu'on
aime est le plus éperdument nue. Lisez les poèmes de
Breton, et vous lirez l'espace, le temps, le souffle et la
pensée, dans leur discontinuité et dans leur continuité,
vous vivrez les virages du temps mental, virages sans
lesquels la vie ne serait que le plus court chemin, et le
plus bête, de la naissance à la mort.*

*Anticipation de l'individualisme révolutionnaire, le
surréalisme ne sera jamais une école, un dogme ou une
forme culturelle d'expression. Les poèmes de* Clair de
Terre, *dont certains sont publiés ici pour la première fois
depuis 1923, n'expriment rien, ne veulent rien exprimer.
Un grand poète ne s'exprime pas : il parle, il écrit, et
sa parole, son écriture, voilà la liberté devenue lionne,
voilà le monde devenu lion, voilà l'histoire qui fait
claquer toutes les portes et se pulvériser les barreaux.
L'individualisme révolutionnaire, qui est à mes yeux cette
« multiplication de soi-même » vers laquelle, de manière
apparemment contradictoire, a tendu le génie commun à
Saint-Just, Sade, Stirner, Lautréamont, Saint-Pol-Roux,
Breton, Artaud, Bataille et Michaux, je le reconnais*

*dans ce poème d'André Breton, dont on comprendra sans
doute que je veuille faire ma conclusion, chaque nom
étant un livre fermé dans chaque corps, et chaque corps
un livre ouvert à tous les mots et à tous les noms :*

PSTT

Neuilly 1-18............	Breton, vacherie modèle, r. de l'Ouest, 12, Neuilly.
Nord 13-40............	Breton (E.), mon. funèbr., av. Cimetière Parisien, 23, Pantin.
Passy 44-15.............	Breton (Eug.), vins, restaur., tabacs, r. de la Pompe, 176.
Roquette 07-90........	Breton (François), vétérinaire, r. Trousseau, 21, (11e).
Central 64-99..........	Breton frères, mécanicien, r. de Belleville, 262, (20e).
Bergère 43-61.........	Breton et fils, r. Rougemont, 12, (9e).
Archives 32-58........	Breton (G.), fournit. cycles, autos, r. des Archives, 78, (3e).
Central 30-08..........	Breton (Georges), r. du Marché-Saint-Honoré, 4, (1er).
Wagram 60-84........	Breton (M. et Mme G.), bd Malesherbes, 58, (8e).
Gutenberg 03-78......	Breton (H.), dentelles, r. de Richelieu, 60, (2e).
Passy 80-70.	Breton (Henri), négociant, r. Octave-Feuillet, 22, (16e).
Gobelins 08-09.........	Breton (J.), Elix. Combier, ag. gén., butte du Rhône, 21-23.
Roquette 32-59..........	Breton (J.-L.), député, s.-secr. Etat inv., bd Soult, 81 bis.
Archives 39-43........	Breton (L.), hôtel-bar, r. François-Miron, 38, (4e).
Marcadet 04-11.......	Breton (Noël), hôtel-rest., bd National, 56, Clichy.
Roquette 02-25..........	Breton (Paul), décolleteur, r. Saint-Maur, 21, (11e).
Central 84-08..........	Breton (Th.), contentieux, r. du fg. Montmartre, 13, (9e).
Saxe 57-86..............	Breton (J.), biscuits, r. La Quintinie, 16-18, (15e).
Archives 35-44........	Breton (J.) et Cie, papiers en gros, r. Saint-Martin, 245, (3e).
Roquette 09-76........	Breton et Cie (Soc. an.), charbons gros, q. La Rapée, 60, (12e).

Breton (André).

Alain Jouffroy,
3 juillet 1966.

= man's possibilities –

Mont de Piété (pawn-shop)

(1919)
dada period

lots of word play
deliberate lack of traditional descriptin
shock techniques
Anti-order
looe dominates
for movement
lang + the word is very powerful

poetry is very

Active - ell does something—

FAÇON

L'attachement vous sème en taffetas
broché projets,
sauf où le chatoiement d'ors se complut.
Que juillet, témoin
fou, ne compte le péché
d'au moins ce vieux roman de fillettes qu'on lut !

De fillettes qu'on
brigua
se mouille (Ans, store au point d'oubli), faillant
téter le doux gave,
— Autre volupté quel acte élu t'instaure? —
un avenir, éclatante Cour Batave.

Étiquetant
baume vain l'amour, est-on nanti
de froideur
un fond, plus que d'heures mais, de mois? Elles
font de batiste : A jamais! — L'odeur anéantit
tout de même jaloux ce printemps,

Mesdemoiselles.

AGE

Aube, adieu! Je sors du bois hanté; j'affronte les routes, croix torrides. Un feuillage bénissant me perd. L'août est sans brèches comme une meule.

Retiens la vue panoramique, hume l'espace et dévide machinalement les fumées.

Je vais m'élire une enceinte précaire : on enjambera s'il faut le buis. La province aux bégonias chauffés caquète, range. Que gentiment s'ameutent les griffons au volant frisé des jupes!

Où la chercher, depuis les fontaines? A tort je me fie à son collier de bulles...

Yeux devant les pois de senteur.

*

Chemises caillées sur la chaise. Un chapeau de soie inaugure de reflets ma poursuite. Homme... Une glace te venge et vaincu me traite en habit ôté. L'instant revient patiner la chair.

Maisons, je m'affranchis de parois sèches. On secoue! Un lit tendre est plaisanté de couronnes.

Atteins la poésie accablante des paliers.

19 février 1916.

COQS DE BRUYÈRE

dada

Coqs de bruyère... et seront-ce coquetteries
de péril
ou de casques couleur de quetsche?
Oh! surtout
qu'elle fripe un gant de suède chaud
soutenant quels
feux de Bengale gâteries!

Au Tyrol, quand les bois se foncent, de tout
l'être abdiquant un
destin
digne, au plus, de chromos savoureux,
mon
remords : sa rudesse, des maux,
je dégage les capucines de sa lettre.

ANDRÉ DERAIN

chante — pinsons — dressoir et pots crus en poète.
Il s'entend de patine à velouter;
le soir
une fleur des genêts sa corne vous lutine.
Allons!
tant qu'un neigeux Olympe déjeunait
en voulut-il
à son éclat? — Pommiers. —
                                    Songeuse
mystique aux mains
ces langes bleus comme un glaçon,
l'humain frémisse
et toi : le premier-né c'est l'ange!

— A vol d'oiseau. — Que mousse
entre vos feuilles, toîts exquis,
la rose blanche et qui fond, de fumée!
Où, selon que mes doigts
débouchent à l'odeur — Mai! — ce tube ou
d'almée
un pantalon chiffonnent,
m'épandre aussi verdeur à travers?

Qu'un semblant de cornette bouffonne
(et ta coiffe empesée)
appelle : tout tremblant
le ramage turquin, ma sœur, des noms en *zée.*

Ah! plus ce brouillard tendre.

FORÊT-NOIRE*

                                                    Out
Tendre capsule   etc. melon

Madame de Saint-Gobain trouve le temps long seule
Une côtelette se fane

                              Relief du sort

Où   sans volets   ce pignon blanc
      Cascades
                    Les schlitteurs sont favorisés

                                        Ça souffle
Que salubre est le vent   le vent des crémeries

                  L'auteur de l'Auberge de l'Ange Gardien
L'an dernier est tout de même mort
A propos

De Tubingue à ma rencontre
Se portent les jeunes Kepler Hegel
Et le bon camarade

* *Rimbaud parle*

gratuitous act

POUR LAFCADIO

L'avenue   en même temps   le Gulf Stream
MAM VIVier

Ma maîtresse
prend en bonne part
son diminutif Les amis
sont à l'aise
        On s'entend

  Greffier
parlez MA langue MAternelle
  Quel ennui l'heure du cher corps
corps accort
  Jamais je ne gagnerai tant de guerres

Des combattants
qu'importe mes vers le lent train
l'entrain
Mieux vaut laisser dire
qu'André Breton
receveur de Contributions Indirectes
s'adonne au collage
en attendant la retraite

MONSIEUR V

A Paul Valéry

A la place de l'étoile

L'Arc de Triomphe
qui ne ressemble à un aimant que pour la forme
argenterai-je
les jardins suspendus

BERCEUSE
L'enfant à la capote de rubans
L'enfant que chatouille la mer

En grandissant
il se regarde dans une coquille nacrée
l'iris de son œil est l'étoile
dont je parlais

MARCHE
Pierre ou Paul

Il s'apprête à tirer les rois
aujourd'hui comme ailleurs

ses égaux
    Rêve de révolutions

        On ne saurait décrire en art
        L'engin à prendre le renard bleu

UNE MAISON PEU SOLIDE

*Le gardien des travaux
est victime de son dévouement*

Depuis longtemps le mode de construction d'un immeuble situé rue des Martyrs était jugé déraisonnable par les gens du quartier. Rien n'apparaissait encore de la toiture que déjà les peintres et les tapissiers entreprenaient de décorer les appartements. De nouveaux échafaudages étayaient tous les jours la façade chancelante, au grand trouble des passants que le gardien des travaux rassurait. Hélas! celui-ci devait payer son optimisme de la vie puisqu'hier, à midi trente, alors que les ouvriers étaient allés déjeuner, la bâtisse s'effondrait, l'ensevelissant sous ses décombres.

Un enfant, trouvé évanoui sur les lieux du sinistre, ne fut pas long à reprendre connaissance. C'est le jeune Lespoir, 7 ans, que l'on reconduisit bien vite à ses parents. Il avait eu plus de peur que de mal. Il commença par réclamer la *trottinette* sur laquelle il s'était élancé du haut de la rue. Le garçonnet raconte

qu'un homme avec un bâton s'étant précipité vers
lui en criant « Gare! » il avait voulu s'enfuir. C'est tout
ce dont il se souvient. On sait le reste. Son sauveur,
bien connu de l'entourage sous le nom de Guillaume
Apollinaire, pouvait avoir une soixantaine d'années.
Il avait gagné la médaille du travail et ses compa-
gnons l'estimaient.

Quand pourrons-nous donner la clé de ce mystère?
On recherche, en vain jusqu'à présent, l'entrepreneur
et l'architecte de la maison penchée. L'émotion est
considérable.

Le Corset Mystère

Mes belles lectrices,

à force d'en voir de toutes les couleurs
Cartes splendides, à *effets de lumière*, Venise

Autrefois les meubles de ma chambre étaient fixés
solidement aux murs et je me faisais attacher pour écrire :
J'ai le pied marin

nous adhérons à une sorte de Touring Club
sentimental

UN CHATEAU A LA PLACE DE LA TÊTE
c'est aussi le Bazar de la Charité
Jeux très amusants pour tous âges :

Jeux poétiques, etc.

Je tiens Paris comme — pour vous dévoiler l'avenir —
votre main ouverte

la taille bien prise.

Clair de terre

(1923) — *surrealism not completely formulated at this time — but one its way — Rejection of DADA*

La terre brille dans le ciel comme un astre énorme au milieu des étoiles.
Notre globe projette sur la lune un intense clair de terre.

« Le ciel »
Nouvelle astronomie pour tous.

— lots of mutation in logic

— c

Au grand poète
SAINT-POL-ROUX
A ceux qui comme lui
s'offrent
LE MAGNIFIQUE
plaisir de se faire oublier

CINQ RÊVES

A Georges de Chirico

I

Je passe le soir dans une rue déserte du quartier des Grands-Augustins quand mon attention est arrêtée par un écriteau au-dessus de la porte d'une maison. Cet écriteau c'est : « ABRI » ou « A LOUER », en tout cas quelque chose qui n'a plus cours. Intrigué j'entre et je m'enfonce dans un couloir extrêmement sombre. Un personnage, qui fait dans la suite du rêve figure de génie, vient à ma rencontre et me guide à travers un escalier que nous descendons tous deux et qui est très long.

Ce personnage, je l'ai déjà vu. C'est un homme qui s'est occupé autrefois de me trouver une situation.

Aux murs de l'escalier je remarque un certain nombre de reliefs bizarres, que je suis amené à examiner de près, mon guide ne m'adressant pas la parole.

Il s'agit de moulages en plâtre, plus exactement : de

moulages de moustaches considérablement grossies.

Voici, entre autres, les moustaches de Baudelaire, de Germain Nouveau et de Barbey d'Aurevilly.

Le génie me quitte sur la dernière marche et je me trouve dans une sorte de vaste hall divisé en trois parties.

Dans la première salle, de beaucoup la plus petite, où pénètre seulement le jour d'un soupirail incompréhensible, un jeune homme est assis à une table et compose des poèmes. Tout autour de lui, sur la table et par terre, sont répandus à profusion des manuscrits extrêmement sales.

Ce jeune homme ne m'est pas inconnu, c'est M. Georges Gabory.

La pièce voisine, elle aussi plus que sommairement meublée, est un peu mieux éclairée, quoique d'une façon tout à fait insuffisante.

Dans la même attitude que le premier personnage, mais m'inspirant, par contre, une sympathie réelle, je distingue M. Pierre Reverdy.

Ni l'un ni l'autre n'a paru me voir, et c'est seulement après m'être arrêté tristement derrière eux que je pénètre dans la troisième pièce.

Celle-ci est de beaucoup la plus grande, et les objets s'y trouvent un peu mieux en valeur : un fauteuil inoccupé devant la table paraît m'être destiné; je prends place devant le papier immaculé.

J'obéis à la suggestion et me mets en devoir de composer des poèmes. Mais, tout en m'abandonnant à la spontanéité la plus grande, je n'arrive à écrire sur le premier feuillet que ces mots : La lumière...

Celui-ci aussitôt déchiré, sur le second feuillet : La lumière... et sur le troisième feuillet : La lumière...

II

J'étais assis dans le métropolitain en face d'une femme que je n'avais pas autrement remarquée, lorsqu'à l'arrêt du train elle se leva et dit en me regardant : « Vie végétative ». J'hésitai un instant, on était à la station Trocadéro, puis je me levai, décidé à la suivre.

Au haut de l'escalier nous étions dans une immense prairie sur laquelle tombait un jour verdâtre, extrêmement dur, de fin d'après-midi.

La femme avançait dans la prairie sans se retourner et bientôt un personnage très inquiétant, d'allure athlétique et coiffé d'une casquette, vint à sa rencontre.

Cet homme se détachait d'une équipe de joueurs de football composée de trois personnages. Ils échangèrent quelques mots sans faire attention à moi, puis la femme disparut, et je demeurai dans la prairie à regarder les joueurs qui avaient repris leur partie. J'essayai bien aussi d'attraper le ballon, mais... je n'y parvins qu'une fois.

III

Je me baignais avec un petit enfant au bord de la mer. Peu après je me trouvai sur la plage en compagnie d'un certain nombre de gens, dont les uns me sont connus, les autres inconnus, quand brusquement l'un

des promeneurs nous signala deux oiseaux qui volaient
parallèlement à une certaine distance, et qui pouvaient
être des mouettes.

Quelqu'un eut aussitôt l'idée de tirer sur ces oiseaux
(car nous portions tous des fusils) et l'on put croire
que l'un d'eux avait été blessé.

Ils tombèrent en effet assez loin du rivage, et nous
attendîmes quelque temps que la vague les apportât.

A mesure qu'ils approchaient, j'observai que ces
animaux n'étaient nullement des oiseaux comme je
l'avais cru tout d'abord, mais bien plutôt des sortes
de vaches ou de chevaux.

L'animal qui n'était pas blessé soutenait l'autre avec
beaucoup d'attendrissement. Quand ils furent à nos
pieds, ce dernier expira.

La particularité la plus remarquable que présentait
cet animal qui venait de mourir était la différenciation
très curieuse de ses yeux.

L'un de ceux-ci, en effet, était complètement terne
et assez semblable à une coquille d'oursin, tandis que
l'autre était merveilleusement coloré et brillant.

L'animal secourable avait depuis longtemps disparu.
C'est alors que M. Roger Lefébure qui, je ne sais
pourquoi, se trouvait parmi nous, s'empara de l'œil
phosphorescent et le prit pour monocle.

Ce que voyant une personne de l'assistance jugea
bon de rapporter l'anecdote suivante :

Dernièrement, comme à son habitude, M. Paul
Poiret dansait devant ses clientes, quand brusquement
son monocle tomba par terre et se brisa. M. Paul
Eluard, qui se trouvait là, eut l'amabilité de lui offrir
le sien, mais celui-ci subit le même sort.

exercice ou
inspiration

IV

Une partie de ma matinée s'était passée à conjuguer
un nouveau temps du verbe être — car on venait
d'inventer un nouveau temps du verbe être. Au cours
de l'après-midi j'avais écrit un article qu'autant que
je me rappelle je trouvais peu profond mais assez
brillant. Un peu plus tard je m'étais mis à continuer
d'écrire un roman. Cette dernière entreprise m'avait
conduit à effectuer des recherches dans ma biblio-
thèque. Elles amenèrent bientôt la découverte d'un
ouvrage in-8º que j'ignorais posséder et qui se compo-
sait de plusieurs tomes. J'ouvris l'un d'eux au hasard.
Le livre se présentait comme un traité de philosophie
mais, à la place du titre correspondant à une des
divisions générales de l'ouvrage, comme j'aurais lu :
Logique, ou : Morale, je lus : *Enigmatique*. Le texte
m'échappe entièrement, je n'ai souvenir que des
planches figurant invariablement un personnage
ecclésiastique ou mythologique au milieu d'une salle
cirée immense qui ressemblait à la galerie d'Apollon.
Les murs et le parquet réfléchissaient mieux que des
glaces puisque chacun de ces personnages se retrouvait
plusieurs fois dans la pièce sous diverses attitudes
avec la même intensité et le même relief et qu'Adonis,
par exemple, était couché à ses propres pieds. Je me
sentais en proie à une grande exaltation; il me semblait
qu'un livre d'observations médicales en ma possession
m'apporterait sur la question qui me préoccupait une
véritable révélation. J'y trouvai en effet ce que je

cherchais : une photographie de femme brune un peu
forte, ni très belle ni très jeune, que je connaissais
vaguement. J'étais assis chez moi, à la table de l'atelier,
le dos tourné à la fenêtre. La femme de la photographie
vint alors frôler mon épaule droite et, après m'avoir
adressé quelques paroles comminatoires, elle alla poser
la main gauche sur la corniche de la petite armoire
située près de la porte et je ne la vis plus. Je poursuivis
mes investigations : il s'agissait maintenant de chercher
dans le dictionnaire un mot qui était probablement
le mot : souris. J'ouvris à Rh et mon attention fut
aussitôt attirée par la figure qui accompagnait le
mot : rhéostat. On y voyait un petit nombre de para-
chutes ou de nuages suspendus ensemble à la manière
des ballons d'enfants : dans chaque parachute ou dans
chaque nuage il y avait, accroupi, un Chinois. Je crus
avoir trouvé ensuite ce qui m'était nécessaire à :
rongeur. Mais déjà, je n'avais plus grande attention
à donner de ce côté. Devant le piano, en face de moi,
se tenait en effet M. Charles Baron, jeune homme que
dans la réalité je n'arrive jamais à reconnaître, vêtu
de noir et avec une certaine recherche. Avant que
j'eusse pu lui demander compte de sa présence, Louis
Aragon l'avait déjà remplacé. Il venait me persuader
de l'obligation de sortir immédiatement avec lui :
je le suivais. Au bas de l'escalier, nous étions avenue
des Champs-Élysées, montant vers l'Étoile où, d'après
Aragon, nous devions à tout prix arriver avant huit
heures. Nous portions chacun un cadre vide. Sous
l'Arc de Triomphe je ne songeais qu'à me débarrasser
du mien, la pendule marquait sept heures vingt-neuf.
Aragon, lui, objectait le risque de pluie, il voulait
absolument que les cadres fussent à l'abri. Nous

finîmes par les placer sous la protection des moulures
supérieures, contre la pierre, légèrement inclinés, à
hauteur de chevalet. Il était question, je crois, de venir
les reprendre plus tard. Au moment où nous les dispo-
sions j'observai que le cadre d'Aragon était doré,
le mien blanc avec de très anciennes traces de dorures,
de dimensions sensiblement moins grandes.

▼

Paul Eluard, Marcel Noll et moi nous trouvons
réunis à la campagne dans une pièce où trois objets
sollicitent notre attention : un livre fermé et un livre
ouvert, d'assez grandes dimensions, de l'épaisseur
d'un atlas et inclinés sur une sorte de pupitre à musique,
qui tient aussi d'un autel. Noll tourne les pages du livre
ouvert sans parvenir à nous intéresser. En ce qui me
concerne, je ne m'occupe que du troisième objet, un
appareil métallique de construction très simple, que je
vois pour la première fois et dont j'ignore l'usage, mais
qui est extrêmement brillant. Je suis tenté de l'emporter
mais, l'ayant pris en mains, je m'aperçois qu'il est
étiqueté 9 fr. 90. Il disparaît d'ailleurs à ce moment
et est remplacé par Philippe Soupault, en grand
pardessus de voyage blanc, chapeau blanc, souliers
blancs, etc. Soupault est pressé de nous quitter, il
s'excuse aimablement et j'essaie en vain de le retenir.
Nous le regardons par la fenêtre s'éloigner en compagnie
de sa femme, que nous ne voyons que de dos et qui est
comme lui toute habillée de blanc. Sans chercher à

savoir ce que Noll est devenu, Eluard et moi, nous
quittons alors la maison. Eluard me demandant de
l'accompagner à la chasse. Il emporte un arc et des
flèches. Nous arrivons au bord d'un étang couvert
de faisanes. « A la bonne heure », dis-je à Eluard. Mais
lui : « Cher ami, ne crois pas que je sois venu ici pour
ces faisanes, je cherche tout autre chose, je cherche
François. Tu vas voir François. » Alors toutes les
faisanes d'appeler : « François, François, François! »
Et je distingue au milieu de l'étang un superbe faisan
doré. Eluard décoche dans sa direction plusieurs
flèches mais — ici l'idée de la maladresse prend en
quelque sorte possession du rêve qu'elle n'abandonnera
plus — les flèches portent « trop court ». Pourtant le
faisan doré finit par être atteint. A la place de ses ailes
se fixent alors deux petites boîtes rectangulaires de
papier rose qui flottent un instant sur l'eau après que
l'oiseau a disparu. Nous ne bougeons plus jusqu'à ce
qu'une femme nue, très belle, s'élève lentement de
l'eau, le plus loin possible de nous. Nous la voyons à
mi-corps puis à mi-jambes. Elle chante. A ma grande
émotion, Eluard lance vers elle plusieurs traits qui ne
l'atteignent pas mais voici que la femme, qu'une
seconde nous avions perdue de vue, émerge de l'eau
tout près de nous. Une nouvelle flèche vient lui
transpercer le sein. Elle y porte la main d'un geste
adorable et se reprend à chanter. Sa voix s'affaiblit
lentement. Je n'ai pas plus tôt cessé de l'entendre
qu'Eluard et elle ne sont plus là. Je me trouve en
présence de petits hommes mesurant environ 1m. 10 et
habillés de jersey bleu. Ils arrivent de tous les points
de l'étang et, comme je les observe sans défiance,
l'un d'eux, ayant l'air d'accomplir un rite, s'apprête

à m'enfoncer dans le mollet une très petite flèche à
deux pointes. Il me semble qu'on veut m'unir dans la
mort au faisan doré et à la belle chanteuse. Je me débats
et j'envoie à terre plusieurs des petits hommes bleus.
Mais le petit sacrificateur me poursuit et je finis par
tomber dans un buisson où, avec l'aide d'un des autres
poursuivants, il cherche à me ligoter. Il me semble
facile de terrasser mes deux adversaires et de les ligoter
à ma place mais la maladresse ne me permet que de
leur prendre la corde et d'en faire autour de leur corps
un nœud extrêmement lâche. Je m'enfuis ensuite le
long d'une voie de chemin de fer, et, comme on ne me
poursuit plus, je modère peu à peu mon allure. Je
passe à proximité d'une charmante usine que traverse
un fil télégraphique dirigé perpendiculairement à la
voie et situé à cinq ou six mètres du sol. Un homme de
ma taille tend à deux reprises, très énergiquement,
le bras vers le fil sur lequel, sans aucun mouvement
de lancement, il réussit à placer en équilibre, à égale
distance de l'usine et des rails, deux verres vides du
type gobelet. « C'est, dit-il, pour les oiseaux. » Je
repars, avec l'idée de gagner la gare encore lointaine
d'où je puisse prendre le train pour Paris. J'arrive
enfin sur le quai d'une ville qui est un peu Nantes et
n'est pas tout à fait Versailles, mais où je ne suis plus
du tout dépaysé. Je sais qu'il me faut tourner à droite
et longer le fleuve assez longtemps. J'observe, au-dessus
du très beau pont qui se trouve à ma gauche, les
évolutions inquiétantes d'un avion, d'abord très
élevé, qui boucle la boucle avec peine et inélégance. Il
perd constamment de sa hauteur et n'est plus guère
qu'au niveau des tourelles des maisons. C'est d'ailleurs
moins un avion qu'un gros wagon noir. Il faut que le

pilote soit fou pour renouveler sa prouesse si bas.
Je m'attends à le voir s'écraser sur le pont. Mais
l'appareil s'abîme dans le fleuve et il en sort sain et
sauf un des petits hommes bleus de tout à l'heure qui
gagne la berge à la nage, passe près de moi sans paraître
me remarquer et s'éloigne dans le sens opposé au
mien.

PIÈCE FAUSSE

A Benjamin Péret

Du vase en cristal de Bohême
Du vase en cris
Du vase en cris
Du vase en
En cristal
Du vase en cristal de Bohême
Bohême
Bohême
En cristal de Bohême
Bohême
Bohême
Bohême
Hême hême oui Bohême
Du vase en cristal de Bo Bo
Du vase en cristal de Bohême
Aux bulles qu'enfant tu soufflais
Tu soufflais
Tu soufflais
Flais

Flais
Tu soufflais
Qu'enfant tu soufflais
Du vase en cristal de Bohême
Aux bulles qu'enfant tu soufflais
Tu soufflais
Tu soufflais
Oui qu'enfant tu soufflais
C'est là c'est là tout le poème
Aube éphé
Aube éphé
Aube éphémère de reflets
Aube éphé
Aube éphé
Aube éphémère de reflets

PSTT

Neuilly 1-18......	Breton, vacherie modèle, r. de l'Ouest, 12, Neuilly.
Nord 13-40.......	Breton (E.), mon. funèbr., av. Cimetière Parisien, 23, Pantin.
Passy 44-15.......	Breton (Eug.), vins, restaur., tabacs, r. de la Pompe, 176.
Roquette 07-90...	Breton (François), vétérinaire, r. Trousseau, 21, (11e).
Central 64-99.....	Breton frères, mécaniciens, r. de Belleville, 262, (20e).
Bergère 43-61....	Breton et fils, r. Rougemont, 12, (9e).
Archives 32-58..	Breton (G.), fournit. cycles, autos, r. des Archives, 78, (3e).
Central 30-08....	Breton (Georges), r. du Marché-Saint-Honoré, 4, (1er).
Wagram 60-84..	Breton M. et Mme G.), bd Malesherbes, 58, (8e).
Gutenberg 03-78.	Breton (H.), dentelles, r. de Richelieu, 60, (2e).
Passy 80-70......	Breton (Henri), négociant, r. Octave-Feuillet, 22, (16e).
Gobelins 08-09..	Breton (J.), Elix. Combier, ag. gén., butte du Rhône, 21-23.
Roquette 32-59...	Breton (J.-L.), député, s.-secr. Etat. inv., bd Soult, 81 bis.
Archives 39-43..	Breton (L.), hôtel-bar, r. François-Miron, 88, (4e).

Marcadet 04-11.	Breton (Noël), hôtel-rest., bd National, 56 Clichy.
Roquette 02-25...	Breton (Paul), décolleteur, r. Saint-Maur, 21 (11e).
Central 84-08....	Breton (Th.), contentieux, r. du fg. Montmartre 13, (9e).
Saxe 57-86........	Breton (J.), biscuits, r. La Quintinie, 16-18 (15e).
Archives 35-44...	Breton (J.) et Cte, papiers en gros, r. Saint Martin, 245, (3e).
Roquette 09-76...	Breton et Cte (Soc. an.) charbons gros, q. L Rapée, 60, (12e).

Breton (André).

LES REPTILES CAMBRIOLEURS

interest in the enfant

A Janine

(1)

Sur la tringle de la cour la petite Marie venait de
mettre le linge à sécher. C'était une succession de
dates fraîches encore : celle du mariage de sa mère
(la belle robe de noce avait été mise en pièces), un
baptême, les rideaux du berceau du petit frère riaient
au vent comme des mouettes sur les rochers de la
côte. L'enfant soufflait les fleurs de la lessive comme
des chandelles et se persuadait de la lenteur de la vie.
Elle se prenait de temps à autre à regarder ses mains
un peu trop roses et se renversait dans l'eau du baquet
pour plus tard, quand elle aurait une anémone à la
ceinture. Il commençait à faire nuit. Les précisions
des cartes de marine ne comptaient plus guère;
sur les ponts traînaient des écharpes de fumée ocre
et des adieux. Sur le « sarrau » couvert d'étincelles de
lait passent successivement la paresse des distractions,
la tempête de l'amour et les nombreuses nuées d'insectes
du souci. Marie sait que sa mère ne jouit plus de toutes
ses facultés : des journées entières, coiffée de réflexions

plus coulissées qu'en rêve, elle mord le collier de larmes
du rire. Se souvient-elle d'avoir été belle? Les plus
anciens habitants de la contrée s'inquiétaient du
retour des couvreurs sur la ville, on eût préféré la pluie
dans les maisons. Mais ce ciel! Les ruches d'illusions
s'emplissent d'un poison étrange à mesure que la jeune
femme élève les bras vers la tête pour dire : laissez-
moi. Elle demande à boire du lait de volcan et on lui
apporte de l'eau minérale. Elle joint les mains avant
de prendre une feuille, plus verte que la lumière des
carafes, pour écrire. Par-dessous l'épaule on écoute
(les anges ne s'en font pas faute, quand ils arrivent
guidés par la trace des plumes qu'elle ne porte plus) :
« Ma petite Marie, tu sauras un jour quel sacrifice est à
la veille de se consommer, je ne t'en dis pas davantage.
Va, ma fille, sois heureuse. Les yeux de mon enfant
sont des rideaux plus tendres que ceux des chambres
d'hôtel où j'ai demeuré en compagnie des aviateurs
et des plantes vertes. » Le trésor enfoui dans la cendre
de la cheminée se décompose en petits insectes phos-
phorescents qui font entendre un chant ·monotone,
mais que pourrait-elle dire aux grillons? Dieu ne se
sentait pas plus aimé qu'à l'ordinaire mais le candé-
labre des arbres fleuris était là pour quelque chose.
il s'y blottissait de frivoles démons changeants comme
l'eau des sources qui court sur le satin des pierres et
le velours noir des poissons. A quoi Marie se montre-t-
elle soudain si attentive? On est au mois d'août et les
automobiles ont émigré depuis le Grand Prix. Qui va-t-
on voir apparaître dans ce quartier solitaire, le poète
qui fuit sa demeure en modulant sa plainte par les rails
de perle, l'amoureux qui court rejoindre sa belle sur
un éclair ou le chasseur tapi dans les herbes coupantes

et qui a froid? L'enfant donne sa langue au chat, elle
brûle de connaître ce qu'elle ignore, la signification de
ce long vol à ras de terre, le beau ruisseau coupable
qui commence à courir. Mon Dieu, mais voici qu'elle
tombe à genoux et les gémissements se font moins
sourds à l'étage supérieur, l'œil de bœuf reflète tout
ce qui se passe et une âme monte au ciel. On ne sait
rien; le trèfle à quatre feuilles s'entrouvre aux rayons
de la lune, il n'y a plus qu'à entrer pour les constata-
tions dans la maison vide.

AMOUR PARCHEMINÉ

Quand les fenêtres comme l'œil du chacal et le désir percent l'aurore, des treuils de soie me hissent sur les passerelles de la banlieue. J'appelle une fille qui rêve dans la maisonnette dorée; elle me rejoint sur les tas de mousse noire et m'offre ses lèvres qui sont des pierres au fond de la rivière rapide. Des pressentiments voilés descendent les marches des édifices. Le mieux est de fuir les grands cylindres de plume quand les chasseurs boitent dans les terres détrempées. Si l'on prend un bain dans la moire des rues, l'enfance revient au pays, levrette grise. L'homme cherche sa proie dans les airs et les fruits sèchent sur des claies de papier rose, à l'ombre des noms démesurés par l'oubli. Les joies et les peines se répandent dans la ville. L'or et l'eucalyptus, de même odeur, attaquent les rêves. Parmi les freins et les edelweiss sombres se reposent des formes souterraines semblables à des bouchons de parfumeurs.

proxence + Absence> (handwritten)

CARTES SUR LES DUNES

A Giuseppe Ungaretti

L'horaire des fleurs creuses et des pommettes saillantes nous invite à quitter les salières volcaniques pour les baignoires d'oiseaux. Sur une serviette damée rouge sont disposés les jours de l'année. L'air n'est plus si pur, la route n'est plus si large que le célèbre clairon. Dans une valise peinte de gros vers on emporte les soirs périssables qui sont la place des genoux sur un prie-Dieu. De petites bicyclettes côtelées tournent sur le comptoir. L'oreille des poissons, plus fourchue que le chèvrefeuille, écoute descendre les huiles bleues. Parmi les burnous éclatants dont la charge se perd dans les rideaux, je reconnais un homme issu de mon sang.

what is it there (handwritten)

ÉPERVIER INCASSABLE

A Gala Eluard

La ronde accomplit dans les dortoirs ses ordinaires tours de passe-passe. La nuit, deux fenêtres multicolores restent entrouvertes. Par la première s'introduisent les vices aux noirs sourcils, à l'autre les jeunes pénitentes vont se pencher. Rien ne troublerait autrement la jolie menuiserie du sommeil. On voit des mains se couvrir de manchons d'eau. Sur les grands lits vides s'enchevêtrent des ronces tandis que les oreillers flottent sur des silences plus apparents que réels. A minuit, la chambre souterraine s'étoile vers les théâtres de genre où les jumelles tiennent le principal rôle. Le jardin est rempli de timbres nickelés. Il y a un message au lieu d'un lézard sous chaque pierre.

MÉMOIRES D'UN

EXTRAIT DES

ACTIONS DE

CHEMINS.

contrast w/ le ciel

A Francis Picabia

C'est aussi le bagne avec ses brèches blondes comme
    un livre sur les genoux d'une jeune fille
Tantôt il est fermé et crève de peine future sur les
    remous d'une mer à pic
Un long silence a suivi ces meurtres
L'argent se dessèche sur les rochers
Puis sous une apparence de beauté ou de raison contre
    toute apparence aussi
Et les deux mains dans une seule palme
On voit le soir
Tomber collier de perles des monts
Sur l'esprit de ces peuplades tachetées règne un
    amour si plaintif
Que les devins se prennent à ricaner bien haut sur les
    ponts de fer
Les petites statues se donnent la main à travers la
    ville
C'est la Nouvelle Quelque Chose travaillé au socle et
    à l'archet de l'arche

L'air est taillé comme un diamant
Pour les peignes de l'immense Vierge en proie à des
    vertiges d'essence alcoolique ou florale
La douce cataracte gronde de parfums sur les travaux

RENDEZ-VOUS

A T. Fraenkel

Après les tempêtes cerclées de verre, l'éclair à l'armure brouillée et cette enjambée silencieuse sous laquelle la montagne ouvre des yeux plus fascinants que le Siam, petite fille, adoratrice du pays calqué sur tes parfums, tu vas surprendre l'éveil des chercheurs dans un air révolutionné par le platine. De loin la statue rose qui porte à bout de bras une sorte de bouteille fumant dans un panier regarde par-dessus son épaule errer les anciens vanniers et acrobates. Un joli bagne d'artistes où des zèbres bleus, fouettés par les soupirs qui s'enroulent le soir autour des arbres, exécutent sans fin leur numéro ! D'étonnants faisceaux, formés au bord des routes avec les bobines d'azur et le télégraphe, répondent de ta sécurité. Là, dans la lumière profane, les seins éclatant sous un globe de rosée et t'abandonnant à la glissière infinie, à travers les bambous froids tu verras passer le Prince Vandale. L'occasion brûlera aux quatre vents de soufre, de cadmium, de sel et de Bengale. Le bombyx à tête humaine étouffera peu à peu les arlequins maudits et les grandes catastrophes ressusciteront pêle-mêle, pour se résorber dans la bague au chaton vide que je t'ai donnée et qui te tuera.

PRIVÉ

Coiffé d'une cape beige, il caracole sur l'affiche de
satin où deux plumes de paradis lui tiennent lieu d'épe-
rons. Elle, de ses jointures spéciales en haut des airs
part la chanson des espèces rayonnantes. Ce qui reste
du moteur sanglant est envahi par l'aubépine : à cette
heure les premiers scaphandriers tombent du ciel. La
température s'est brusquement adoucie et chaque
matin la légèreté secoue sur nos toits ses cheveux
d'ange. Contre les maléfices à quoi bon ce petit chien
bleuâtre au corps pris dans un solénoïde de verre
noir? Et pour une fois ne se peut-il que l'expression
pour la vie déclenche une des aurores boréales dont
sera fait le tapis de table du Jugement Dernier?

IL N'Y A PAS A SORTIR DE LA

A Paul Eluard

Liberté couleur d'homme
Quelles bouches voleront en éclats
Tuiles
Sous la poussée de cette végétation monstrueuse

Le soleil chien couchant
Abandonne le perron d'un riche hôtel particulier

Lente poitrine bleue où bat le cœur du temps

Une jeune fille nue aux bras d'un danseur beau et
cuirassé comme saint Georges
Mais ceci est beaucoup plus tard
Faibles Atlantes

*

Rivière d'étoiles
Qui entraînes les signes de ponctuation de mon poème
et de ceux de mes amis

Il ne faut pas oublier que cette liberté et toi je vous ai
tirées à la courte paille
Si c'est elle que j'ai conquise
Quelle autre que vous arrive en glissant le long d'une
corde de givre

Cet explorateur aux prises avec les fourmis rouges de
son propre sang

C'est jusqu'à la fin le même mois de l'année
Perspective qui permet de juger si l'on a affaire à des
âmes ou non
19... Un lieutenant d'artillerie s'attend dans une traînée
de poudre

*

Aussi bien le premier venu
Penché sur l'ovale du désir intérieur
Dénombre ces buissons d'après le ver luisant
Selon que vous étendrez la main pour faire l'arbre ou
avant de faire l'amour

Comme chacun sait

Dans l'autre monde qui n'existera pas
Je te vois blanc et élégant
Les cheveux des femmes ont l'odeur de la feuille
d'acanthe
O vitres superposées de la pensée
Dans la terre de verre s'agitent les squelettes de verre

*

Tout le monde a entendu parler du Radeau de la
Méduse
Et peut à la rigueur concevoir un équivalent de ce
radeau dans le ciel

LE BUVARD DE CENDRE

A Robert Desnos

Les oiseaux s'ennuieront

Si j'avais oublié quelque chose

Sonnez la cloche de ces sorties d'école dans la mer
Ce que nous appellerons la bourrache pensive

On commence par donner la solution du concours
A savoir combien de larmes peuvent tenir dans une
                                        main de femme

1º aussi petite que possible
2º dans une main moyenne

Tandis que je froisse ce journal étoilé
Et que les chairs éternelles entrées une fois pour toutes
            en possession du sommet des montagnes
J'habite sauvagement une petite maison du Vaucluse

Cœur lettre de cachet

AU REGARD DES DIVINITÉS

A Louis Aragon

« Un peu avant minuit près du débarcadère.
« Si une femme échevelée te suit n'y prends pas garde.
« C'est l'azur. Tu n'as rien à craindre de l'azur.
« Il y aura un grand vase blond dans un arbre.
« Le clocher du village des couleurs fondues
« Te servira de point de repère. Prends ton temps,
« Souviens-toi. Le geyser brun qui lance au ciel les
                                    pousses de fougère
« Te salue. »
              La lettre cachetée aux trois coins d'un
                                                 poisson
Passait maintenant dans la lumière des faubourgs
Comme une enseigne de dompteur.
                              Au demeurant
La belle, la victime, celle qu'on appelait
Dans le quartier la petite pyramide de réséda
Décousait pour elle seule un nuage pareil
A un sachet de pitié.
                      Plus tard l'armure blanche
Qui vaquait aux soins domestiques et autres

En prenant plus fort à son aise que jamais,
L'enfant à la coquille, celui qui devait être...
Mais silence.
        Un brasier déjà donnait prise
En son sein à un ravissant roman de cape
Et d'épée.
      Sur le pont, à la même heure,
Ainsi la rosée à tête de chatte se berçait.
La nuit, — et les illusions seraient perdues.

Voici les Pères blancs qui reviennent de vêpres
Avec l'immense clé pendue au-dessus d'eux.
Voici les hérauts gris; enfin voici sa lettre
Ou sa lèvre : mon cœur est un coucou pour Dieu.

Mais le temps qu'elle parle, il ne reste qu'un mur
Battant dans un tombeau comme une voile bise.
L'éternité recherche une montre-bracelet
Un peu avant minuit près du débarcadère.

TOUT PARADIS N'EST PAS PERDU

text a Cove

A Man Ray

Les coqs de roche passent dans le cristal
Ils défendent la rosée à coups de crête
Alors la devise charmante de l'éclair
Descend sur la bannière des ruines
Le sable n'est plus qu'une horloge phosphorescente
Qui dit minuit
Par les bras d'une femme oubliée
Point de refuge tournant dans la campagne
Dressée aux approches et aux reculs célestes
C'est ici
Les tempes bleues et dures de la villa baignent dans
                              la nuit qui décalque mes images
Chevelures chevelures
Le mal prend des forces tout près
Seulement voudra-t-il de nous

MA MORT PAR ROBERT DESNOS

Le jeudi suivant les académiciens occupés au
                                    dictionnaire
L'œil vitreux des hirondelles de bas étage
Un jardin aux parterres d'explosions

C'était à la veille de***
Sur l'écorce des marronniers les mots A suivre
On parait on se contentait de parer

Jamais la religion au secours de l'opinion
Ne s'était à ce point commise
Dans une cabine de bains
J'entrais avec la Vierge en personne

Sachez que le baril de poudre Le Penseur
Durant la nuit avait été hissé
Au sommet de la Trinité

Je reviens au même

Les individus sont des crics
Et je me balance sans cesse en arrière de moi-même
Pareil à la suspension de la peur

Ma course est celle de cinq jockeys
Le premier bute sur ma tête
Loin des tribunes
Là où les haies sont remplacées par des avalanches
Le second part seul

Le quatrième pousse à la consommation des noix de
                                coco en guise de cierges
Mais le sixième virtuel
Dans la glace de mes jours impossibles
Ressemble à une patte de renard
Je m'arrache difficilement à la contemplation des
                                                sourcils
Au vert des sangs et des mines
A l'apparence humaine qui dissémine

Plus j'aime plus je suis aimé des bois où le cerf dans le
                                                serpolet
Se signe à connaître que veux-tu

Descendre estimer mourir

Puis l'élément femelle croix des inquisiteurs

PLUTOT LA VIE

Plutôt la vie que ces prismes sans épaisseur même si
                        les couleurs sont plus pures
Plutôt que cette heure toujours couverte que ces
                      terribles voitures de flammes froides
Que ces pierres blettes
Plutôt ce cœur à cran d'arrêt
Que cette mare aux murmures
Et que cette étoffe blanche qui chante à la fois dans
                      l'air et dans la terre
Que cette bénédiction nuptiale qui joint mon front à
                      celui de la vanité totale
                Plutôt la vie

Plutôt la vie avec ses draps conjuratoires
Ses cicatrices d'évasions
Plutôt la vie plutôt cette rosace sur ma tombe
La vie de la présence rien que de la présence
Où une voix dit Es-tu là où une autre répond Es-tu là
Je n'y suis guère hélas
Et pourtant quand nous ferions le jeu de ce que nous
                      faisons mourir
                Plutôt la vie

Plutôt la vie plutôt la vie Enfance vénérable
Le ruban qui part d'un fakir
Ressemble à la glissière du monde
Le soleil a beau n'être qu'une épave
Pour peu que le corps de la femme lui ressemble
Tu songes en contemplant la trajectoire tout du long
Ou seulement en fermant les yeux sur l'orage adorable
                          qui a nom ta main
                  Plutôt la vie

Plutôt la vie avec ses salons d'attente
Lorsqu'on sait qu'on ne sera jamais introduit
Plutôt la vie que ces établissements thermaux
Où le service est fait par des colliers
Plutôt la vie défavorable et longue
Quand les livres se refermeraient ici sur des rayons
                          moins doux
Et quand là-bas il ferait mieux que meilleur il ferait
                          libre oui
                  Plutôt la vie

Plutôt la vie comme fond de dédain
A cette tête suffisamment belle
Comme l'antidote de cette perfection qu'elle appelle et
                          qu'elle craint
La vie le fard de Dieu
La vie comme un passeport vierge
Une petite ville comme Pont-à-Mousson
Et comme tout s'est déjà dit
                  Plutôt la vie

SILHOUETTE DE PAILLE

A Max Ernst

Donnez-moi des bijoux de noyées
Deux crèches
Une prêle et une marotte de modiste
Ensuite pardonnez-moi
Je n'ai pas le temps de respirer
Je suis un sort
La construction solaire m'a retenu jusqu'ici
Maintenant je n'ai plus qu'à laisser mourir
Demandez le barème
Au trot le poing fermé au-dessus de ma tête qui sonne
Un verre dans lequel s'ouvre un œil jaune
Le sentiment s'ouvre aussi
Mais les princesses s'accrochent à l'air pur
J'ai besoin d'orgueil
Et de quelques gouttes plates
Pour réchauffer la marmite de fleurs moisies
Au pied de l'escalier
Pensée divine au carreau étoilé de ciel bleu
L'expression des baigneuses c'est la mort du loup

Prenez-moi pour amie
L'amie des feux et des furets
Vous regarde à deux fois
Lissez vos peines
Ma rame de palissandre fait chanter vos cheveux
Un son palpable dessert la plage
Noire de la colère des seiches
Et rouge du côté du panonceau

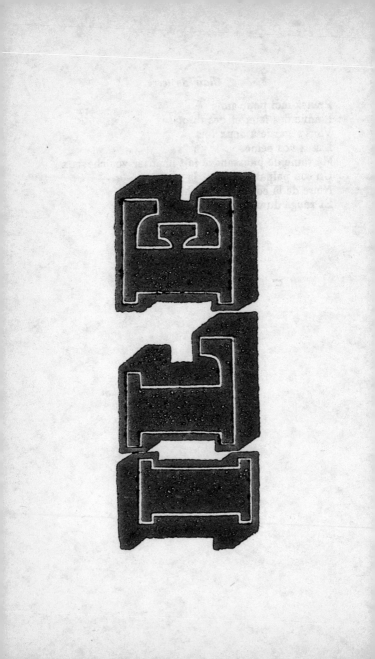

fantaisie

DANS LA VALLÉE DU MONDE

A Joseph Delteil

Des animaux disjoints font le tour de la terre
Et demandent leur chemin à ma fantaisie
Qui elle-même fait le tour de la terre
Mais en sens inverse
Il en résulte de grands quiproquos
La Chine est frappée d'interdit
La péninsule balkanique est doublée par une partie du
cortège
Au levant seize reptiles étoilés à partir d'un feu
Souterrain sont hissés au sommet d'un mât
Agitateur du ciel
L'approche des crinières blanches est saluée
Par les feuilles lancéolées
Dont le murmure accompagne ce poème
Au dire d'un chanteur
L'ombre des ailes des pattes des nageoires
Suffit à la renommée
L'azur condense les vapeurs précieuses
Les singes marins
Suspendus aux arbres de corail
Et le rossignol qui vit dans les épaves
Montrent le bois injecté de roses et de cocaïne

Les marches d'ambre
Qui mènent au trône des pensées
Laissent couler le sang prismatique
Les oreilles des éléphants qu'on prenait pour des pierres
tombales
Dans la vallée du monde
Battent la mesure des siècles
Plus près les femmes par-dessus les villes de chasubles
et de cerises
Les femmes poudrées par les fleurs
Les femmes dont le troupeau est conduit par les
animaux fabuleux
Accusent de rigueur le principe
Qui assimile les plantes spectrales
L'amour à cinq branches l'hystérie flocon des
appartements
A la mort la petite mort l'héliotropisme

MILLE ET MILLE FOIS

A Francis Picabia

Sous le couvert des pas qui regagnent le soir une tour
   habitée par des signes mystérieux au nombre de
                                                    onze
La neige que je prends dans la main et qui fond
Cette neige que j'adore fait des rêves et je suis un de
                                               ces rêves
Moi qui n'accorde au jour et à la nuit que la stricte
                                    jeunesse nécessaire
Ce sont deux jardins dans lesquels se promènent mes
                            mains qui n'ont rien à faire
Et pendant que les onze signes se reposent
Je prends part à l'amour qui est une mécanique de
                        cuivre et d'argent dans la haie
Je suis un des rouages les plus délicats de l'amour
                                                terrestre

Et l'amour terrestre cache les autres amours
A la façon des signes qui me cachent l'esprit
Un coup de couteau perdu siffle à l'oreille du promeneur
J'ai défait le ciel comme un lit merveilleux

Mon bras pend du ciel avec un chapelet d'étoiles
Qui descend de jour en jour
Et dont le premier grain va disparaître dans la mer
A la place de mes couleurs vivantes
Il n'y aura bientôt plus que de la neige sur la mer
Les signes apparaissent à la porte
Ils sont de onze couleurs différentes et leurs dimensions
                respectives vous feraient mourir de pitié
L'un d'eux est obligé de se baisser et de se croiser les
                bras pour entrer dans la tour
J'entends l'autre qui brûle dans une région prospère
Et celui-ci à cheval sur l'industrie la rare industrie
                montagneuse
Pareille à l'onagre qui se nourrit de truites
Les cheveux les longs cheveux pommelés
Caractérisent le signe qui porte le bouclier doublement
                ogival
Il faut se méfier de l'idée que roulent les torrents
Ma construction ma belle construction page à page
Maison insensément vitrée à ciel ouvert à sol ouvert
C'est une faille dans le roc suspendu par des anneaux à
                la tringle du monde
C'est un rideau métallique qui se baisse sur des
                inscriptions divines
Que vous ne savez-pas lire
Les signes n'ont jamais affecté que moi
Je prends naissance dans le désordre infini des prières
Je vis et je meurs d'un bout à l'autre de cette ligne
Cette ligne étrangement mesurée qui relie mon cœur à
                l'appui de votre fenêtre
Je corresponds par elle avec tous les prisonniers du
                monde

L'AIGRETTE

A Marcel Noll

Si seulement il faisait du soleil cette nuit
Si dans le fond de l'Opéra deux seins miroitants et
clairs
Composaient pour le mot amour la plus merveilleuse
lettrine vivante
Si le pavé de bois s'entrouvrait sur la cime des
montagnes
Si l'hermine regardait d'un air suppliant
Le prêtre à bandeaux rouges
Qui revient du bagne en comptant les voitures fermées
Si l'écho luxueux des rivières que je tourmente
Ne jetait que mon corps aux herbes de Paris
Que ne grêle-t-il à l'intérieur des magasins de bijouterie
Au moins le printemps ne me ferait plus peur
Si seulement j'étais une racine de l'arbre du ciel
Enfin le bien dans la canne à sucre de l'air
Si l'on faisait la courte échelle aux femmes
Que vois-tu belle silencieuse
Sous l'arc de triomphe du Carrousel

Si le plaisir dirigeait sous l'aspect d'une passante
                                        éternelle
Les Chambres n'étant plus sillonnées que par l'œillade
                                violette des promenoirs
Que ne donnerais-je pour qu'un bras de la Seine se
                                glissât sous le matin
Qui est de toute façon perdu
Je ne suis pas résigné non plus aux salles caressantes
Où sonne le téléphone des amendes du soir
En partant j'ai mis le feu à une mèche de cheveux qui
                                est celle d'une bombe
Et la mèche de cheveux creuse un tunnel sous Paris
Si seulement mon train entrait dans ce tunnel

LIGNE BRISÉE

A Raymond Roussel

Nous le pain sec et l'eau dans les prisons du ciel
Nous les pavés de l'amour tous les signaux interrompus
Qui personnifions les grâces de ce poème
Rien ne nous exprime au-delà de la mort
A cette heure où la nuit pour sortir met ses bottines
                                                    vernies
Nous prenons le temps comme il vient
Comme un mur mitoyen à celui de nos prisons
Les araignées font entrer le bateau dans la rade
Il n'y a qu'à toucher il n'y a rien à voir
Plus tard vous apprendrez qui nous sommes
Nos travaux sont encore bien défendus
Mais c'est l'aube de la dernière côte le temps se gâte
Bientôt nous porterons ailleurs notre luxe
                                        embarrassant
Nous porterons ailleurs le luxe de la peste
Nous un peu de gelée blanche sur les fagots humains
Et c'est tout
L'eau-de-vie panse les blessures dans un caveau par le

soupirail duquel on aperçoit une route bordée de
grandes patiences vides

Ne demandez pas où vous êtes
Nous le pain sec et l'eau dans les prisons du ciel
Le jeu de cartes à la belle étoile
Nous soulevons à peine un coin du voile
Le raccommodeur de faïence travaille sur une échelle
Il paraît jeune en dépit de la concession
Nous portons son deuil en jaune
Le pacte n'est pas encore signé
Les sœurs de charité provoquent
A l'horizon des fuites
Peut-être pallions-nous à la fois le mal et le bien
C'est ainsi que la volonté des rêves se fait
Gens qui pourriez
Nos rigueurs se perdent dans le regret des émiettements
Nous sommes les vedettes de la séduction plus terrible
Le croc du chiffonnier Matin sur les hardes fleuries
Nous jette à la fureur des trésors aux dents longues
N'ajoutez rien à la honte de votre propre pardon
C'est assez que d'armer pour une fin sans fond
Vos yeux de ces larmes ridicules qui nous soulagent
Le ventre des mots est doré ce soir et rien n'est plus en
vain

TOURNESOL

A Pierre Reverdy

La voyageuse qui traversa les Halles à la tombée de
l'été
Marchait sur la pointe des pieds
Le désespoir roulait au ciel ses grands arums si beaux
Et dans le sac à main il y avait mon rêve ce flacon de
sels
Que seule a respirés la marraine de Dieu
Les torpeurs se déployaient comme la buée
Au Chien qui fume
Où venaient d'entrer le pour et le contre
La jeune femme ne pouvait être vue d'eux que mal et
de biais
Avais-je affaire à l'ambassadrice du salpêtre
Ou de la courbe blanche sur fond noir que nous appelons
pensée
Le bal des innocents battait son plein
Les lampions prenaient feu lentement dans les
marronniers
La dame sans ombre s'agenouilla sur le Pont au Change

Rue Gît-le-Cœur les timbres n'étaient plus les mêmes
Les promesses des nuits étaient enfin tenues
Les pigeons voyageurs les baisers de secours
Se joignaient aux seins de la belle inconnue
Dardés sous le crêpe des significations parfaites
Une ferme prospérait en plein Paris
Et ses fenêtres donnaient sur la voie lactée
Mais personne ne l'habitait encore à cause des
                                                 survenants
Des survenants qu'on sait plus dévoués que les
                                                 revenants
Les uns comme cette femme ont l'air de nager
Et dans l'amour il entre un peu de leur substance
Elle les intériorise
Je ne suis le jouet d'aucune puissance sensorielle
Et pourtant le grillon qui chantait dans les cheveux de
                                                 cendre
Un soir près la statue d'Étienne Marcel
M'a jeté un coup d'œil d'intelligence
André Breton a-t-il dit passe

LE SOLEIL EN LAISSE

A Pablo Picasso

Le grand frigorifique blanc dans la nuit des temps
Qui distribue les frissons à la ville
Chante pour lui seul
Et le fond de sa chanson ressemble à la nuit
Qui fait bien ce qu'elle fait et pleure de le savoir
Une nuit où j'étais de quart sur un volcan
J'ouvris sans bruit la porte d'une cabine et me jetai
                         aux pieds de la lenteur
Tant je la trouvai belle et prête à m'obéir
Ce n'était qu'un rayon de la roue voilée
Au passage des morts elle s'appuyait sur moi
Jamais les vins braisés ne nous éclairèrent
Mon amie était trop loin des aurores qui font cercle
                         autour d'une lampe arctique
Au temps de ma millième jeunesse
J'ai charmé cette torpille qui brille
Nous regardons l'incroyable et nous y croyons malgré
                         nous
Comme je pris un jour la femme que j'aimais

Nous rendons les lumières heureuses
Elles se piquent à la cuisse devant moi
Posséder est un trèfle auquel j'ai ajouté artificiellement
                              la quatrième feuille
Les canicules me frôlent
Comme les oiseaux qui tombent
Sous l'ombre il y a une lumière et sous cette lumière
                              il y a deux ombres
Le fumeur met la dernière main à son travail
Il cherche l'unité de lui-même avec le paysage
Il est un des frissons du grand frigorifique

Rose c'est la vie

A RROSE SÉLAVY

« *André Breton n'écrira plus.* »
(Journal du Peuple - Avril 1923)

J'ai quitté mes effets,
        mes beaux effets de neige!

L'union libre

(1931) - before now
he doesn't write much
poetry.

linked to 2-
manifestes

- very visual text

- free diction + reciprocity

- words must have material + mental
  existance.

- the body - woman .

-

Ma femme à la chevelure de feu de bois
Aux pensées d'éclairs de chaleur
A la taillé de sablier
Ma femme à la taille de loutre entre les dents du tigre
Ma femme à la bouche de cocarde et de bouquet
    d'étoiles de dernière grandeur
Aux dents d'empreintes de souris blanche sur la terre
    blanche
A la langue d'ambre et de verre frottés
Ma femme à la langue d'hostie poignardée
A la langue de poupée qui ouvre et ferme les yeux
A la langue de pierre incroyable
Ma femme aux cils de bâtons d'écriture d'enfant
Aux sourcils de bord de nid d'hirondelle
Ma femme aux tempes d'ardoise de toit de serre
Et de buée aux vitres
Ma femme aux épaules de champagne
Et de fontaine à têtes de dauphins sous la glace
Ma femme aux poignets d'allumettes
Ma femme aux doigts de hasard et d'as de cœur
Aux doigts de foin coupé
Ma femme aux aisselles de martre et de fênes

De nuit de la Saint-Jean
De troène et de nid de scalares
Aux bras d'écume de mer et d'écluse
Et de mélange du blé et du moulin
Ma femme aux jambes de fusée
Aux mouvements d'horlogerie et de désespoir
Ma femme aux mollets de moelle de sureau
Ma femme aux pieds d'initiales
Aux pieds de trousseaux de clés aux pieds de calfats
    qui boivent
Ma femme au cou d'orge imperlé
Ma femme à la gorge de Val d'or
De rendez-vous dans le lit même du torrent
Aux seins de nuit
Ma femme aux seins de taupinière marine
Ma femme aux seins de creuset du rubis
Aux seins de spectre de la rose sous la rosée
Ma femme au ventre de dépliement d'éventail des jours
Au ventre de griffe géante
Ma femme au dos d'oiseau qui fuit vertical
Au dos de vif-argent
Au dos de lumière
A la nuque de pierre roulée et de craie mouillée
Et de chute d'un verre dans lequel on vient de boire
Ma femme aux hanches de nacelle
Aux hanches de lustre et de pennes de flèche
Et de tiges de plumes de paon blanc
De balance insensible
Ma femme aux fesses de grès et d'amiante
Ma femme aux fesses de dos de cygne
Ma femme aux fesses de printemps
Au sexe de glaïeul
Ma femme au sexe de placer et d'ornithorynque

Ma femme au sexe d'algue et de bonbons anciens
Ma femme au sexe de miroir
Ma femme aux yeux pleins de larmes
Aux yeux de panoplie violette et d'aiguille aimantée
Ma femme aux yeux de savane
Ma femme aux yeux d'eau pour boire en prison
Ma femme aux yeux de bois toujours sous la hache
→ Aux yeux de niveau d'eau de niveau d'air de terre et
    de feu

role of eyes — mixing of interior + exterieur.

all 4 elements of world are linked w/ a physical contact w/ a woman.

ce qui m'est pas visible.

MOVE from ignorance to knowledge through combustion.

lots of ideas
contradictions
are present
these texts

Le Revolver
à cheveux blancs

(1932)

- theory + the practice
- Astonishment
- idea of "energy"
- theme of love destroys all barriers + restraints.
- discards logic
- délire to désire

- unity through délire

- knowledge gained through

ends on idea of "echo" =
WE SEE beyond — convulsive —
the sound has been HEARD —

transform energy into
force of imagination

IL Y AURA UNE FOIS

Imagination n'est pas don mais par excellence objet de conquête. « *Où*, se demande Huysmans, *dans quel temps, sous quelles latitudes, dans quels parages pouvait bien se lever ce palais immense, avec ses coupoles élancées dans la nue, ses colonnes phalliques, ses piliers émergés d'un pavé miroitant et dur?* [1] » Manière toute lyrique, toute pessimiste, d'effacer au fur et à mesure tout ce qu'on pense, qui devrait être. Ce palais se *levait*, ce *palais*... Cet imparfait, cette splendeur inutile tendant à rejeter dans la gratuité quasi légendaire le besoin qu'on éprouve — ces *colonnes phalliques* — de se comporter, ne serait-ce qu'au point de vue sexuel, autrement qu'on se comporte, témoignent d'une lassitude coupable et d'un doute inadmissible touchant les forces réelles de l'esprit. La lamentable formule : « Mais ce n'était qu'un rêve », dont le croissant usage, entre autres cinématographique, n'a pas peu contribué à faire apparaître l'hypocrisie, a cessé depuis longtemps de mériter la discussion. Pourquoi ne pas le dire? Huysmans savait fort bien que telles visions qu'il avait — comme on peut les avoir : hors du temps

1. *En rade.*

— n'étaient pas moins destinées à entraîner le monde
« en avant » qu' « en arrière ». A quoi bon, si ce n'est
pour se mettre soi-même tristement à l'abri, à quoi
bon accorder à ce qui, encore une fois, devrait être,
l'effrayante faculté d'avoir été et de n'être plus! Je
sais l'objection : « Mais l'esprit bute à chaque pas
contre des vestiges de temps et de lieux. Ses représen-
tations sont esclaves de l'émotion plus ou moins grande
que ces vestiges lui donnent. Fétichiste en diable! Ce
qu'il est convenu d'appeler le passé le prend, c'est
indéniable, par son côté faible. Les nuits d'Antoine,
le Mexique avant l'arrivée des Espagnols, une photo-
graphie d'inconnue datant du siècle dernier : vous,
ici, là-bas, si vous bougez tâchez de ne pas faire trop
de bruit. »

Mais où sont les neiges de demain? Je dis que l'ima-
gination, à quoi qu'elle emprunte et — cela pour moi
reste à démontrer — si véritablement elle *emprunte*,
n'a pas à s'humilier devant la vie. Il y aura toujours,
notamment, entre les idées dites reçues et les idées...
qui sait, à faire recevoir, une différence susceptible de
rendre l'imagination maîtresse de la situation de
l'esprit. C'est tout le problème de la transformation
de l'énergie qui se pose une fois de plus. Se défier comme
on fait, outre mesure; de la vertu pratique de l'imagi-
nation, c'est vouloir se priver, coûte que coûte, des
secours de l'électricité, dans l'espoir de ramener la
houille blanche à sa conscience absurde de cascade.

L'imaginaire est ce qui tend à devenir réel.

A ce propos, je voudrais louer (je ne dis pas même
acheter) une propriété dans les environs de Paris[1].

1. Il ne me manque que l'argent.

Rien de fabuleux. Seulement une trentaine de pièces,
avec, autant que possible, de longs corridors très
sombres ou que je me chargerais d'assombrir. Quatre
ou cinq hectares de terrain boisé, tout autour. Quel-
ques ruisseaux ou, de grande préférence, une ou deux
mares, ne seraient pas mal vus. Je tiendrais, naturel-
lement, à juger par moi-même de la sécurité du lieu
(quand je parle de sécurité, les brigands me feront
l'honneur de croire que ce n'est pas à eux que je
pense). Qu'il soit possible à qui que ce soit — des gens
divers à qui j'aurais donné rendez-vous — d'y entrer
ou d'en sortir, de jour ou de nuit, sans que cela pro-
voque d'esclandre. Toutes ces premières conditions,
en somme, faciles à réaliser.

Un souterrain, à faire creuser ou non, pas plus diffi-
cile.

De l'extérieur : plutôt qu'un hôtel ou qu'une auberge,
et aussi pour que ce soit tout à fait dépaysant, un relais.
Mais de l'intérieur, comme on va voir, un relais dans
lequel ceux qui, d'après moi, y ont droit, pourront
toujours venir prendre des idées harassantes en échange
d'idées harassées.

Il sera servi une pension *à temps* à... disons trois jeu-
nes filles qui seront invitées à séjourner en cet endroit,
ces jeunes filles étant les dernières à s'être signalées
dans un scandale de maison hantée quelconque. On
commencera par les mettre à l'aise en les persuadant
qu'elles sont vraiment « chez elles ». En cas d'insuffi-
sance notoire de leur part il sera pourvu aussitôt que
possible à leur remplacement. En cas d'urgence il
pourra leur être apporté une aide supplémentaire. (Il
pourra même être fait appel à un jeune homme invo-
lontairement spécialisé dans ces sortes de questions,

mais jamais à plus d'un à la fois). Il sera donné pour
compagnes d'occasion à ces jeunes personnes quelques
autres jeunes filles et quelques jeunes femmes en
mesure de présenter, par ailleurs, des phénomènes
médianimiques intéressants, ou qui se distingueront
par l'étrangeté de leur esprit ou de leur beauté.

Par chambre, une grande horloge à verre noir sera
dressée à sonner particulièrement *bien* minuit.

Il sera formellement interdit, sous peine d'expulsion
immédiate et définitive, à qui que ce soit, et cela en
dépit de toutes les provocations auxquelles il pourra
se trouver en butte, d'accomplir, dans les limites de
l'encerclement par le mur du parc, l'acte de l'amour.

Il n'y aura guère que de petites lampes d'étude, à
abat-jour vert, très basses. Jour et nuit les persiennes
demeurant fermées.

La chambre de réception, blanchie à la chaux, sera
seule éclairée par un plafonnier invisible et ne compor-
tera d'autre meuble, en plus de deux authentiques
sièges mérovingiens, qu'une sellette sur laquelle sera
posé le flacon de parfum noué d'une faveur pâle, à
l'intérieur duquel baigne une rose décolorée avec sa
tige et les feuilles également sans vie, qu'on peut voir
aujourd'hui 9 juin, dans la vitrine sud de la pharmacie
qui fait l'angle de la rue Lafayette et de la rue du
faubourg Montmartre.

Et en cela finira l'arbitraire.

Mais les lâchers de papillons par la nature seront
plus loin repris par l'homme et *commentés*. On verra
bien, enfin, si les draps du lit sont faits pour servir
d'enveloppe au corps de l'homme et de la femme
(quelle adresse faut-il mettre?) ou si, de leur incom-
préhensible hauteur quand on les dresse, ils sont faits

pour rendre imaginaire un corps imaginaire ou non,
de manière à prouver que l'esprit humain, quoi qu'on
dise, n'en est jamais *quitte pour la peur.* (On m'a
raconté dernièrement cette charmante histoire de fan-
tômes : deux hommes, conventionnellement déguisés,
jouent à effrayer le monde ignare en faisant, plusieurs
nuits consécutives, le tour d'un cimetière. Une nuit
enfin un « esprit fort » les rejoint discrètement à un
tournant et se mêle, de très près, de les suivre, non
sans avoir pris soin de s'affubler comme eux. Cons-
cience prise d'une telle présence dans leur dos, ils
détalent. Je préfère ces deux premiers hommes à ce
dernier.)

Un « puits mystérieux », pure et simple réplique de
celui de Luna-Park, quoique à première vue moins
libre, mais plus divers, plus insistant et beaucoup plus
joli.

Cinq chambres aux portes et fenêtres condamnées,
d'un accès rendu pratiquement impossible, sans préju-
dice du serment prêté de ne pas chercher à y voir.
Dans la première, je suppose, et la plus grande, auront
été groupés les principaux spécimens de mannequins
et de cires, ni les uns sur les autres, ni chacun dans un
rôle, mais disposés de telle sorte qu'ils aient paru,
avant murage, susciter au plus fort l'esprit d'abandon.
Dans la seconde voisineront pêle-mêle des bagages
excentriques, de grands tournesols et autres accessoires
de cotillon de l'esprit; elle sera tout entière tapissée
de lettres d'amour. Dans la troisième, qu'on aura tenté
de rendre la plus luxueuse de toutes les chambres
d'enfant existantes, seul un berceau lacéré et orné en
bonne place d'un poignard penchera, comme un navire
en détresse, sur un plancher de vagues trop bleues. Il

faut que je sois seul à savoir ce qui aura lieu dans la quatrième, afin qu'un seul autre homme sûr puisse connaître la véritable destination de la cinquième, sans posséder plus que moi ni qu'aucun autre la clé idéologique du tout[1]. Le pire est que la première chambre, de l'extérieur, ne sera en rien distinguable de la seconde ou de la cinquième. Les travaux d'aménagement seront conduits de manière à supprimer, *a priori*, toute possibilité d'indiscrétion.

Désireux de m'en tenir aujourd'hui à un schème simple, je ne m'étendrai pas inutilement sur l'ameublement des pièces occupables. Cela ne pourra être qu'absolument sévère bien entendu — le disparate extrême de l'ensemble devant répondre, bien plutôt qu'au caprice, à la nécessité. On peut, du reste, se fier à notre goût.

Les conditions de l'hygiène physique la plus exigeante seront minutieusement remplies.

Je ne sais pas encore, ma foi, si l'on confiera à la domesticité deux lévriers blancs ou deux bulls blancs de très haute race, ou si l'on pourra se passer de ces animaux.

. . . .

Ce qu'avant tout je veux défendre ici n'est que le principe d'une association dont les avantages seraient de placer l'esprit dans la position qui me paraît poétiquement la plus favorable. Il ne saurait s'agir, pour l'instant d'entrer plus avant dans les secrets d'une telle communauté. Je répète qu'écrivant ces lignes, je

1. Un peu puéril ? Tant mieux.

fais momentanément abstraction de tout autre point
de vue que le point de vue poétique, ce qui ne veut
pas dire que j'accepte le moins du monde de passer
pour me débattre dans l'utopie. Je me borne à indi-
quer une source de *mouvements* curieux, en grande
partie imprévisibles, source qui, si l'on consentait
une première fois à suivre sa pente — et je gage qu'on
l'acceptera — serait, à ébranler des monts et des
monts d'ennui, la promesse d'un magnifique torrent.
On ne peut se défendre de penser ainsi et de prévoir,
devant ces aveugles architectures d'aujourd'hui,
mille fois plus stupides et plus révoltantes que celles
d'autrefois. Comme on va pouvoir s'ennuyer là-dedans!
Ah! l'on est bien sûr que rien ne se passera. Mais si,
tout à coup, un homme entendait, même en pareil
domaine, que quelque chose se passât! S'il osait
s'aventurer, seul ou presque, sur les terres foudroyées
du hasard? Si, l'esprit désembrumé de ces contes qui,
enfants, faisaient nos délices tout en commençant
dans nos cœurs à creuser la déception, cet homme se
risquait à arracher sa proie de mystère au passé? Si
ce poète voulait pénétrer lui-même dans l'Antre? S'il
était, lui, vraiment résolu à n'ouvrir la bouche que
pour dire : « Il y aura une fois... »?

[annotation manuscrite : en b on a future]

LA MORT ROSE

Les pieuvres ailées guideront une dernière fois la barque
   dont les voiles sont faites de ce seul jour heure par
   heure
C'est la veillée unique après quoi tu sentiras monter
   dans tes cheveux le soleil blanc et noir
Des cachots suintera une liqueur plus forte que la mort
Quand on la contemple du haut d'un précipice
Les comètes s'appuieront tendrement aux forêts avant
   de les foudroyer
Et tout passera dans l'amour indivisible
Si jamais le motif des fleuves disparaît
Avant qu'il fasse complètement nuit tu observeras
La grande pause de l'argent
Sur un pêcher en fleur apparaîtront les mains
Qui écrivirent ces vers et qui seront des fuseaux
   d'argent
Elles aussi et aussi des hirondelles d'argent sur le
   métier de la pluie
Tu verras l'horizon s'entrouvrir et c'en sera fini tout à
   coup du baiser de l'espace
Mais la peur n'existera déjà plus et les carreaux du ciel
   et de la mer

Voleront au vent plus fort que nous
Que ferai-je du tremblement de ta voix
Souris valseuse autour du seul lustre qui ne tombera
    pas
Treuil du temps
Je monterai les cœurs des hommes
Pour une suprême lapidation
Ma faim tournoiera comme un diamant trop taillé
Elle nattera les cheveux de son enfant le feu
Silence et vie
Mais les noms des amants seront oubliés
Comme l'adonide goutte de sang
Dans la lumière folle
Demain tu mentiras à ta propre jeunesse
A ta grande jeunesse luciole
Les échos mouleront seuls tous ces lieux qui furent
Et dans l'infinie végétation transparente
Tu te promèneras avec la vitesse
Qui commande aux bêtes des bois
Mon épave peut-être tu t'y égratigneras
Sans la voir comme on se jette sur une arme flottante
C'est que j'appartiendrai au vide semblable aux
    marches
D'un escalier dont le mouvement s'appelle *bien en
    peine*
A toi les parfums dès lors les parfums défendus
L'angélique
Sous la mousse creuse et sous tes pas qui n'en sont pas
Mes rêves seront formels et vains comme le bruit de
    paupières de l'eau dans l'ombre
Je m'introduirai dans les tiens pour y sonder la
    profondeur de tes larmes
Mes appels te laisseront doucement incertaine

Et dans le train fait de tortues de glace
Tu n'auras pas à tirer le signal d'alarme
Tu arriveras seule sur cette plage perdue
Où une étoile descendra sur tes bagages de sable

NON-LIEU

Art des jours art des nuits
La balance des blessures qui s'appelle Pardonne
Balance rouge et sensible au poids d'un vol d'oiseau
Quand les écuyères au col de neige les mains vides
Poussent leurs chars de vapeur sur les prés
Cette balance sans cesse affolée je la vois
Je vois l'ibis aux belles manières
Qui revient de l'étang lacé dans mon cœur
Les roues du rêve charment les splendides ornières
Qui se lèvent très haut sur les coquilles de leurs robes
Et l'étonnement bondit de-ci de-là sur la mer
Partez ma chère aurore n'oubliez rien de ma vie
Prenez ces roses qui grimpent au puits des miroirs
Prenez les battements de tous les cils
Prenez jusqu'aux fils qui soutiennent les pas des
    danseurs de corde et des gouttes d'eau
Art des jours art des nuits
Je suis à la fenêtre très loin dans une cité pleine
    d'épouvante
Dehors des hommes à chapeau claque se suivent à
    intervalle régulier
Pareils aux pluies que j'aimais

Alors qu'il faisait si beau
« A la rage de Dieu » est le nom d'un cabaret où je suis
    entré hier
Il est écrit sur la devanture blanche en lettres plus
    pâles
Mais les femmes-marins qui glissent derrière les vitres
Sont trop heureuses pour être peureuses
Ici jamais de corps toujours l'assassinat sans preuves
Jamais le ciel toujours le silence
Jamais la liberté que pour la liberté

SUR LA ROUTE
QUI MONTE ET DESCEND

Dites-moi où s'arrêtera la flamme
Existe-t-il un signalement des flammes
Celle-ci corne à peine le papier
Elle se cache dans les fleurs et rien ne l'alimente
Mais on voit dans les yeux et l'on ne sait pas non plus
    ce qu'on voit dans les yeux
Puisqu'ils vous voient
Une statue est agenouillée sur la mer mais
Ce n'est plus la mer
Les phares se dressent maintenant dans la ville
Ils barrent la route aux blocs merveilleux de glace
    et de chair
Qui précipitaient dans l'arène leurs innombrables chars
La poussière endort les femmes en habits de reines
Et la flamme court toujours
C'est une fraise de dentelle au cou d'un jeune seigneur
C'est l'imperceptible sonnerie d'une cloche de paille
    dans la maison d'un poète ou de quelque autre
    vaurien
C'est l'hémisphère boréal tout entier
Avec ses lampes suspendues ses pendules qui se posent
C'est ce qui monte du précipice à l'heure du rendez-vous

Les cœurs sont les rames légères de cet océan perdu

Lorsque les signaux tournent au bord des voies avec
un bruit sec

Qui ressemble à ce craquement spécial sous les pas des
prêtres

Il n'y a plus d'actrice en tournée dans les wagons blanc
et or

Qui la tête à la portière justement des pensées d'eau
très grandes couvrent les mares

Ne s'attende à ce que la flamme lui confère l'oubli
définitif de son rôle

Les étiquettes effacées des bouteilles vertes parlent
encore de châteaux

Mais ces châteaux sont déserts à l'exception d'une
chevelure vivante

Château-Ausone

Et cette chevelure qui ne s'attarde point à se défaire

Flotte sur l'air méduse C'est la flamme

Elle tourne maintenant autour d'une croix

Méfiez-vous elle profanerait votre tombe

Sous terre la méduse est encore chez elle

Et la flamme aux ailes de colombe n'escorte que les
voyageurs en danger

Elle fausse compagnie aux amants dès qu'ils sont deux
à être seuls

Où va-t-elle je vois se briser les glaces de Venise aux
approches de Venise

Je vois s'ouvrir des fenêtres détachées de toute espèce
de mur sur un chantier

Là des ouvriers nus font le bronze plus clair

Ce sont des tyrans trop doux pour que contre eux se
soulèvent les pierres

Ils ont des bracelets aux pieds qui sont faits de ces pierres

Les parfums gravitent autour d'eux étoile de la myrrhe
   terre du foin
Ils connaissent les pays pluvieux dévoilés par les perles
Un collier de perles fait un moment paraître grise la
   flamme
Mais aussitôt une couronne de flammes s'incorpore les
   perles immortelles
A la naissance d'un bois qui doit sauver de la destruc-
   tion les seules essences des plantes
Prennent part un homme et tout en haut d'une rampe
   d'escalier de fougère
Plusieurs femmes groupées sur les dernières marches
Elles ouvrent et ferment les yeux comme les poupées
L'homme que je ne suis plus cravache alors la dernière
   bête blanche
Qui s'évanouit dans la brume du matin
Sa volonté sera-t-elle faite
Dans le premier berceau de feuillage la flamme tombe
   comme un hochet
Sous ses yeux on jette le filet des racines
Un couvert d'argent sur une toile d'araignée
Mais la flamme elle ne saurait reprendre haleine
Malheur à une flamme qui reprendrait haleine
Je pense à une flamme barbare
Comme celle qui passant dans ce restaurant de nuit
   brûle aux doigts des femmes les éventails
Comme celle qui marche à toute heure sur ma trace
Et luit à la tombée des feuilles dans chaque feuille qui
   tombe
Flamme d'eau guide-moi jusqu'à la mer de feu

LES ATTITUDES SPECTRALES

Je n'attache aucune importance à la vie
Je n'épingle pas le moindre papillon de vie à l'impor-
    tance
Je n'importe pas à la vie
Mais les rameaux du sel les rameaux blancs
Toutes les bulles d'ombre
Et les anémones de mer
Descendent et respirent à l'intérieur de ma pensée
Ils viennent des pleurs que je ne verse pas
Des pas que je ne fais pas qui sont deux fois des pas
Et dont le sable se souvient à la marée montante
Les barreaux sont à l'intérieur de la cage
Et les oiseaux viennent de très haut chanter devant
    ces barreaux
Un passage souterrain unit tous les parfums
Un jour une femme s'y engagea
Cette femme devint si brillante que je ne pus la voir
De ces yeux qui m'ont vu moi-même brûler
J'avais déjà cet âge que j'ai
Et je veillais sur moi sur ma pensée comme un gardien
    de nuit dans une immense fabrique
Seul gardien

Le rond-point enchantait toujours les mêmes tramways
Les figures de plâtre n'avaient rien perdu de leur
  expression
Elles mordaient la figue du sourire
Je connais une draperie dans une ville disparue
S'il me plaisait de vous apparaître vêtu de cette
  draperie
Vous croiriez à l'approche de votre fin
Comme à la mienne
Enfin les fontaines comprendraient qu'il ne faut pas
  dire Fontaine
On attire les loups avec les miroirs de neige
Je possède une barque détachée de tous les climats
Je suis entraîné par une banquise aux dents de flamme
Je coupe et je fends le bois de cet arbre qui sera toujours
  vert
Un musicien se prend dans les cordes de son instrument
Le Pavillon Noir du temps d'aucune histoire d'enfance
Aborde un vaisseau qui n'est encore que le fantôme du
  sien
Il y a peut-être une garde à cette épée
Mais dans cette garde il y a déjà un duel
Au cours duquel les deux adversaires se désarment
Le mort est le moins offensé
L'avenir n'est jamais

Les rideaux qui n'ont jamais été levés
Flottent aux fenêtres des maisons qu'on construira
Les lits faits de tous les lys
Glissent sous les lampes de rosée
Un soir viendra
Les pépites de lumière s'immobilisent sous la mousse
  bleue

Les mains qui font et défont les nœuds de l'amour et
    de l'air
Gardent toute leur transparence pour ceux qui voient
Ils voient les palmes sur les mains
Les couronnes dans les yeux
Mais le brasier des couronnes et des palmes
S'allume ne fait à peine que s'allumer au plus profond
    de la forêt
Là où les cerfs mirent en penchant la tête les années
On n'entend encore qu'un faible battement
D'où procèdent mille bruits plus légers ou plus sourds
Et ce battement se perpétue
Il y a des robes qui vibrent
Et leur vibration est à l'unisson de ce battement
Mais quand je veux voir le visage de celles qui les
    portent
Un grand brouillard se lève de terre
Au bas des clochers derrière les plus élégants réservoirs
    de vie et de richesse
Dans les gorges qui s'obscurcissent entre deux monta-
    gnes
Sur la mer à l'heure où le soleil fraîchit
Les êtres qui me font signe sont séparés par des étoiles
Et pourtant la voiture lancée au grand galop
Emporte jusqu'à ma dernière hésitation
Qui m'attend là-bas dans la ville où les statues de
    bronze et de pierre ont changé de place avec les
    statues de cire
Baniar banians

HOTEL DES ÉTINCELLES

Le papillon philosophique
Se pose sur l'étoile rose
Et cela fait une fenêtre de l'enfer
L'homme masqué est toujours debout devant la femme
    nue
Dont les cheveux glissent comme au matin la lumière
    sur un réverbère qu'on a oublié d'éteindre
Les meubles savants entraînent la pièce qui jongle
Avec ses rosaces
Ses rayons de soleil circulaires
Ses moulages de verre
A l'intérieur desquels bleuit un ciel au compas
En souvenir de la poitrine inimitable
Maintenant le nuage d'un jardin passe par-dessus la
    tête de l'homme qui vient de s'asseoir
Il coupe en deux la femme au buste de magie aux yeux
    de Parme
C'est l'heure où l'ours boréal au grand air d'intelli-
    gence
S'étire et compte un jour
De l'autre côté la pluie se cabre sur les boulevards
    d'une grande ville

La pluie dans le brouillard avec des traînées de soleil
  sur des fleurs rouges
La pluie et le diabolo des temps anciens
Les jambes sous le nuage fruitier font le tour de la
  serre
On n'aperçoit plus qu'une main très blanche le pouls
  est figuré par deux minuscules ailes
Le balancier de l'absence oscille entre les quatre murs
Fendant les têtes
D'où s'échappent des bandes de rois qui se font aussitôt
  la guerre
Jusqu'à ce que l'éclipse orientale
Turquoise au fond des tasses
Découvre le lit équilatéral aux draps couleur de ces
  fleurs dites boules-de-neige
Les guéridons charmants les rideaux lacérés
A portée d'un petit livre griffé de ces mots *Point
de lendemain*
Dont l'auteur porte un nom bizarre
Dans l'obscure signalisation terrestre

LE VERBE ÊTRE

Je connais le désespoir dans ses grandes lignes. Le désespoir n'a pas d'ailes, il ne se tient pas nécessairement à une table desservie sur une terrasse, le soir, au bord de la mer. C'est le désespoir et ce n'est pas le retour d'une quantité de petits faits comme des graines qui quittent à la nuit tombante un sillon pour un autre. Ce n'est pas la mousse sur une pierre ou le verre à boire. C'est un bateau criblé de neige, si vous voulez, comme les oiseaux qui tombent et leur sang n'a pas la moindre épaisseur. Je connais le désespoir dans ses grandes lignes. Une forme très petite, délimitée par des bijoux de cheveux. C'est le désespoir. Un collier de perles pour lequel on ne saurait trouver de fermoir et dont l'existence ne tient pas même à un fil, voilà le désespoir. Le reste nous n'en parlons pas. Nous n'avons pas fini de désespérer si nous commençons. Moi je désespère de l'abat-jour vers quatre heures, je désespère de l'éventail vers minuit, je désespère de la cigarette des condamnés. Je connais le désespoir dans ses grandes lignes. Le désespoir n'a pas de cœur, la main reste toujours au désespoir hors d'haleine, au désespoir dont les glaces ne nous disent jamais s'il est mort. Je

vis de ce désespoir qui m'enchante. J'aime cette
mouche bleue qui vole dans le ciel à l'heure où les
étoiles chantonnent. Je connais dans ses grandes
lignes le désespoir aux longs étonnements grêles, le
désespoir de la fierté, le désespoir de la colère. Je me
lève chaque jour comme tout le monde et je détends
les bras sur un papier à fleurs, je ne me souviens de rien
et c'est toujours avec désespoir que je découvre les
beaux arbres déracinés de la nuit. L'air de la chambre
est beau comme des baguettes de tambour. Il fait un
temps de temps. Je connais le désespoir dans ses grandes
lignes. C'est comme le vent du rideau qui me tend la
perche. A-t-on idée d'un désespoir pareil! Au feu!
Ah ils vont encore venir... Au secours! Les voici qui
tombent dans l'escalier... Et les annonces de journal,
et les réclames lumineuses le long du canal. Tas de
sable, va, espèce de tas de sable! Dans ses grandes lignes
le désespoir n'a pas d'importance. C'est une corvée
d'arbres qui va encore faire une forêt, c'est une corvée
d'étoiles qui va encore faire un jour de moins, c'est
une corvée de jours de moins qui va encore faire ma
vie.

LES ÉCRITS S'EN VONT

Le satin des pages qu'on tourne dans les livres moule
une femme si belle
Que lorsqu'on ne lit pas on contemple cette femme
avec tristesse
Sans oser lui parler sans oser lui dire qu'elle est si belle
Que ce qu'on va savoir n'a pas de prix
Cette femme passe imperceptiblement dans un bruit
de fleurs
Parfois elle se retourne dans les saisons imprimées
Et demande l'heure ou bien encore elle fait mine de
regarder des bijoux bien en face
Comme les créatures réelles ne font pas
Et le monde se meurt une rupture se produit dans les
anneaux d'air
Un accroc à l'endroit du cœur
Les journaux du matin apportent des chanteuses dont
la voix a la couleur du sable sur des rivages tendres
et dangereux
Et parfois ceux du soir livrent passage à de toutes
jeunes filles qui mènent des bêtes enchaînées
Mais le plus beau c'est dans l'intervalle de certaines
lettres

Où des mains plus blanches que la corne des étoiles à
    midi
Ravagent un nid d'hirondelles blanches
Pour qu'il pleuve toujours
Si bas si bas que les ailes ne s'en peuvent plus mêler
Des mains d'où l'on remonte à des bras si légers que
    la vapeur des prés dans ses gracieux entrelacs au-
    dessus des étangs est leur imparfait miroir
Des bras qui ne s'articulent à rien d'autre qu'au danger
    exceptionnel d'un corps fait pour l'amour
Dont le ventre appelle les soupirs détachés des buissons
    pleins de voiles
Et qui n'a de terrestre que l'immense vérité glacée des
    traîneaux de regards sur l'étendue toute blanche
De ce que je ne reverrai plus
A cause d'un bandeau merveilleux
Qui est le mien dans le colin-maillard des blessures

LA FORÊT DANS LA HACHE

On vient de mourir mais je suis vivant et cependant je n'ai plus d'âme. Je n'ai plus qu'un corps transparent à l'intérieur duquel des colombes transparentes se jettent sur un poignard transparent tenu par une main transparente. Je vois l'effort dans toute sa beauté, l'effort réel qui ne se chiffre par rien, peu avant l'apparition de la dernière étoile. Le corps que j'habite comme une hutte et à forfait déteste l'âme que j'avais et qui surnage au loin. C'est l'heure d'en finir avec cette fameuse dualité qu'on m'a tant reprochée. Fini le temps où des yeux sans lumière et sans bagues puisaient le trouble dans les mares de la couleur. Il n'y a plus ni rouge ni bleu. Le rouge-bleu unanime s'efface à son tour comme un rouge-gorge dans les haies de l'inattention. On vient de mourir, — ni toi ni moi ni eux exactement mais nous tous, sauf moi qui survis de plusieurs façons : j'ai encore froid, par exemple. En voilà assez. Du feu! Du feu! Ou bien des pierres pour que je les fende, ou bien des oiseaux pour que je les suive, ou bien des corsets pour que je les serre autour de la taille des femmes mortes, et qu'elles ressuscitent, et qu'elles m'aiment, avec leurs cheveux

fatigants, leurs regards défaits! Du feu, pour qu'on
ne soit pas mort pour des prunes à l'eau-de-vie, du
feu pour que le chapeau de paille d'Italie ne soit pas
seulement une pièce de théâtre! Allo, le gazon! Allo,
la pluie! C'est moi l'irréel souffle de ce jardin. La cou-
ronne noire posée sur ma tête est un cri de corbeaux
migrateurs car il n'y avait jusqu'ici que des enterrés
vivants, d'ailleurs en petit nombre, et voici que je
suis le premier *aéré mort*. Mais j'ai un corps pour ne
plus m'en défaire, pour forcer les reptiles à m'admirer.
Des mains sanglantes, des yeux de gui, une bouche de
feuille morte et de verre (les feuilles mortes bougent
sous le verre; elles ne sont pas aussi rouges qu'on le
pense, quand l'indifférence expose ses méthodes vo-
races), des mains pour te cueillir, thym minuscule de
mes rêves, romarin de mon extrême pâleur. Je n'ai plus
d'ombre non plus. Ah mon ombre, ma chère ombre.
Il faut que j'écrive une longue lettre à cette ombre
que j'ai perdue. Je commencerai par Ma chère ombre.
Ombre, ma chérie. Tu vois. Il n'y a plus de soleil. Il
n'y a plus qu'un tropique sur deux. Il n'y a plus qu'un
homme sur mille. Il n'y a plus qu'une femme sur
l'absence de pensée qui caractérise en noir pur cette
époque maudite. Cette femme tient un bouquet
d'immortelles de la forme de mon sang.

TOUTES LES ÉCOLIÈRES ENSEMBLE

Souvent tu dis marquant la terre du talon comme éclôt
   dans un buisson l'églantine
Sauvage qui n'a l'air faite que de rosée
Tu dis Toute la mer et tout le ciel pour une seule
Victoire d'enfance dans le pays de la danse ou mieux
   pour une seule
Étreinte dans le couloir d'un train
Qui va au diable avec les coups de fusil sur un pont ou
   mieux
Encore pour une seule farouche parole
Telle qu'en doit dire en vous regardant
Un homme sanglant dont le nom va très loin d'arbre
   en arbre
Qui ne fait qu'entrer et sortir parmi cent oiseaux de
   neige
Où donc est-ce bien
Et quand tu dis cela toute la mer et tout le ciel
S'éparpillent comme une nuée de petites filles dans la
   cour d'un pensionnat sévère
Après une dictée où *Le cœur m'en dit*
S'écrivait peut-être *Le cœur mendie*

NŒUD DES MIROIRS

Les belles fenêtres ouvertes et fermées
Suspendues aux lèvres du jour
Les belles fenêtres en chemise
Les belles fenêtres aux cheveux de feu dans la nuit
    noire
Les belles fenêtres de cris d'alarme et de baisers
Au-dessus de moi au-dessous de moi derrière moi il y en
    a moins qu'en moi
Où elles ne font qu'un seul cristal bleu comme les blés
Un diamant divisible en autant de diamants qu'il en
    faudrait pour se baigner à tous les bengalis
Et les saisons qui ne sont pas quatre mais quinze ou seize
En moi parmi lesquelles celle où le métal fleurit
Celle dont le sourire est moins qu'une dentelle
Celle où la rosée du soir unit les femmes et les pierres
Les saisons lumineuses comme l'intérieur d'une
    pomme dont on a détaché un quartier
Ou encore comme un quartier excentrique habité par
    des êtres qui sont de mèche avec le vent
Ou encore comme le vent de l'esprit qui la nuit ferre
    d'oiseaux sans bornes les chevaux à naseaux
    d'algèbre

Ou encore comme la formule

Teinture de passiflore	aa 50 cent. cubes
Teinture d'aubépine	
Teinture de gui	5 cent. cubes
Teinture de scille	3 cent. cubes

qui combat le bruit de galop

Les saisons remontent maille par maille leur filet
  brillant de l'eau vive de mes yeux
Et dans ce filet il y a ce que j'ai vu c'est la spire d'un
  fabuleux coquillage
Qui me rappelle l'exécution en vase clos de l'empereur
  Maximilien
Il y a ce que j'ai aimé c'est le plus haut rameau de
  l'arbre de corail qui sera foudroyé
C'est le *style* du cadran solaire à minuit vrai
Il y a ce que je connais bien ce que je connais si peu que
  prête-moi tes serres vieux délire
Pour m'élever avec mon cœur le long de la cataracte
Les aéronautes parlent de l'efflorescence de l'air en
  hiver

UN HOMME ET UNE FEMME
ABSOLUMENT BLANCS

Tout au fond de l'ombrelle je vois les prostituées
    merveilleuses
Leur robe un peu passée du côté du réverbère couleur
    des bois
Elles promènent avec elles un grand morceau de papier
    mural
Comme on ne peut en contempler sans serrement de
    cœur aux anciens étages d'une maison en démolition
Ou encore une coquille de marbre blanc tombée d'une
    cheminée
Ou encore un filet de ces chaînes qui derrière elles se
    brouillent dans les miroirs
Le grand instinct de la combustion s'empare des rues
    où elles se tiennent
Comme des fleurs grillées
Les yeux au loin soulevant un vent de pierre
Tandis qu'elles s'abiment immobiles au centre du
    tourbillon
Rien n'égale pour moi le sens de leur pensée inappli-
    quée
La fraîcheur du ruisseau dans lequel leurs bottines
    trempent l'ombre de leur bec

La réalité de ces poignées de foin coupé dans lesquelles
    elle disparaissent
Je vois leur seins qui mettent une pointe de soleil dans
    la nuit profonde
Et dont le temps de s'abaisser et de s'élever est la
    seule mesure exacte de la vie
Je vois leurs seins qui sont des étoiles sur des vagues
Leurs seins dans lesquels pleure à jamais l'invisible lait
    bleu

FACTEUR CHEVAL

Nous les oiseaux que tu charmes toujours du haut de
ces belvédères
Et qui chaque nuit ne faisons qu'une branche fleurie
de tes épaules aux bras de ta brouette bien-aimée
Qui nous arrachons plus vifs que des étincelles à ton
poignet
Nous sommes les soupirs de la statue de verre qui se
soulève sur le coude quand l'homme dort
Et que des brèches brillantes s'ouvrent dans son lit
Brèches par lesquelles on peut apercevoir des cerfs aux
bois de corail dans une clairière
Et des femmes nues tout au fond d'une mine
Tu t'en souviens tu te levais alors tu descendais du
train
Sans un regard pour la locomotive en proie aux
immenses racines barométriques
Qui se plaint dans la forêt vierge de toutes ses chau-
dières meurtries
Ses cheminées fumant de jacinthes et mue par des
serpents bleus
Nous te précédions alors nous les plantes sujettes à
métamorphoses

Qui chaque nuit nous faisons des signes que l'homme
    peut surprendre
Tandis que sa maison s'écroule et qu'il s'étonne devant
    les emboîtements singuliers
Que recherche son lit avec le corridor et l'escalier
L'escalier se ramifie indéfiniment
Il mène à une porte de meule il s'élargit tout à coup
    sur une place publique
Il est fait de dos de cygnes une aile ouverte pour la
    rampe
Il tourne sur lui-même comme s'il allait se mordre
Mais non il se contente sur nos pas d'ouvrir toutes ses
    marches comme des tiroirs
Tiroirs de pain tiroirs de vin tiroirs de savon tiroirs de
    glaces tiroirs d'escaliers
Tiroirs de chair à la poignée de cheveux
A cette heure où des milliers de canards de Vaucanson
    se lissent les plumes
Sans te retourner tu saisissais la truelle dont on fait les
    seins
Nous te souriions tu nous tenais par la taille
Et nous prenions les attitudes de ton plaisir
Immobiles sous nos paupières pour toujours comme la
    femme aime voir l'homme
Après avoir fait l'amour

RIDEAU RIDEAU

Les théâtres vagabonds des saisons qui auront joué
    ma vie
Sous mes sifflets
L'avant-scène avait été aménagée en cachot d'où je
    pouvais siffler
Les mains aux barreaux je voyais sur fond de verdure
    noire
L'héroïne nue jusqu'à la ceinture
Qui se suicidait au début du premier acte
La pièce se poursuivait inexplicablement dans le lustre
La scène se couvrant peu à peu de brouillard
Et je criais parfois
Je brisais la cruche qu'on m'avait donnée et de laquelle
    s'échappaient des papillons
Qui montaient follement vers le lustre
Sous prétexte d'intermède encore de ballet qu'on
    tenait à me donner de mes pensées
J'essayais alors de m'ouvrir le poignet avec les
    morceaux de terre brune
Mais c'étaient des pays dans lesquels je m'étais perdu
Impossible de retrouver le fil de ces voyages
J'étais séparé de tout par le pain du soleil

Un personnage circulait dans la salle seul personnage
agile
Qui s'était fait un masque de mes traits
Il prenait odieusement parti pour l'ingénue et pour
le traître
Le bruit courait que c'était arrangé comme mai juin
juillet août
Soudain la caverne se faisait plus profonde
Dans les couloirs interminables des bouquets tenus
à hauteur de main
Erraient seuls c'est à peine si j'osais entrouvrir ma
porte
Trop de liberté m'était accordée à la fois
Liberté de m'enfuir en traîneau de mon lit
Liberté de faire revivre les êtres qui me manquent
Les chaises d'aluminium se resserraient autour d'un
kiosque de glaces
Sur lequel se levait un rideau de rosée frangé de sang
devenu vert
Liberté de chasser devant moi les apparences réelles
Le sous-sol était merveilleux sur un mur blanc appa-
raissait en pointillé de feu ma silhouette percée
au cœur d'une balle

LE SPHINX VERTÉBRAL

La belle ombre patiente et courbe fait le tour des
    pavés
Les fenêtres vénitiennes s'ouvrent et se ferment sur la
    place
Où vont en liberté des bêtes suivies de feux
Les réverbères mouillés bruissent encadrés d'une nuée
    d'yeux bleus
Qui couvrent le paysage en amont de la ville
Ce matin proue du soleil comme tu t'engloutis dans les
    superbes chants exhalés à l'ancienne derrière les
    rideaux par les guetteuses nues
Tandis que les arums géants tournent autour de leur
    taille
Et que le mannequin sanglant saute sur ses trois
    pieds dans le grenier
Il vient disent-elles en cambrant leur cou sur lequel
    le bondissement des nattes libère des glaciers à peine
    roses
Qui se fendent sous le poids d'un rai de lumière
    tombant des persiennes arrachées
Il vient c'est le loup aux dents de verre
Celui qui mange l'heure dans les petites boîtes rondes

Celui qui souffle les parfums trop pénétrants des herbes
Celui qui fume les petits feux de passage le soir dans les
  navets
Les colonnes des grands appartements de marbre et de
  vétiver crient
Elles crient elles sont prises de ces mouvements de
  va-et-vient qui n'animaient jusque-là que certaines
  pièces colossales des usines
Les femmes immobiles sur les plaques tournantes
  vont voir
Il fait jour à gauche mais nuit complètement nuit à
  droite
Il y a des branchages encore pleins d'oiseaux qui
  passent à toute allure obscurcissant le trou de la
  croisée
Des oiseaux blancs qui pondent des œufs noirs
Où sont ces oiseaux que remplacent maintenant des
  étoiles bordées de deux rangs de perles
Une tête de poisson très très longue ce n'est pas encore
  lui
De la tête de poisson naissent des jeunes filles secouant
  un tamis
Et du tamis des cœurs faits de larmes bataviques
Il vient c'est le loup aux dents de verre
Celui qui volait très haut sur les terrains vagues
  reparus au-dessus des maisons
Avec des plantes aiguisées toutes tournées vers ses yeux
D'un vert à défier une bouteille de mousse renversée
  sur la neige
Ses griffes de jade dans lesquelles il se mire en volant
Son poil de la couleur des étincelles
C'est lui qui gronde dans les forges au crépuscule et
  dans les lingeries abandonnées

Il est visible on le touche il avance avec son balancier
    sur le fil tendu d'hirondelles
Les guetteuses se penchent se penchent aux fenêtres
De tout leur côté d'ombre de tout leur côté de lumière
La bobine du jour est tirée par petits coups du côté
    du paradis de sable
Les pédales de la nuit bougent sans interruption

VIGILANCE

A Paris la tour Saint-Jacques chancelante
Pareille à un tournesol
 Du front vient quelquefois heurter la Seine et son
    ombre glisse imperceptiblement parmi les remor-
    queurs
A ce moment sur la pointe des pieds dans mon sommeil
Je me dirige vers la chambre où je suis étendu
Et j'y mets le feu
Pour que rien ne subsiste de ce consentement qu'on
    m'a arraché
Les meubles font alors place à des animaux de même
    taille qui me regardent fraternellement
Lions dans les crinières desquels achèvent de se consu-
    mer les chaises
Squales dont le ventre blanc s'incorpore le dernier
    frisson des draps
A l'heure de l'amour et des paupières bleues
Je me vois brûler à mon tour je vois cette cachette
    solennelle de riens
Qui fut mon corps
Fouillée par les becs patients des ibis du feu
Lorsque tout est fini j'entre invisible dans l'arche

Sans prendre garde aux passants de la vie qui font
    sonner très loin leurs pas traînants
Je vois les arêtes du soleil
A travers l'aubépine de la pluie
J'entends se déchirer le linge humain comme une
    grande feuille
Sous l'ongle de l'absence et de la présence qui sont de
    connivence
Tous les métiers se fanent il ne reste d'eux qu'une
    dentelle parfumée
Une coquille de dentelle qui a la forme parfaite d'un
    sein
Je ne touche plus que le cœur des choses je tiens le fil

SANS CONNAISSANCE

On n'a pas oublié
La singulière tentative d'enlèvement
Tiens une étoile pourtant il fait encore grand jour
De cette jeune fille de quatorze ans
Quatre de plus que de doigts
Qui regagnait en ascenseur
Je vois ses seins comme si elle était nue
On dirait des mouchoirs séchant sur un rosier
L'appartement de ses parents
Le père un piquet solidement enfoncé dans l'ombre la
    mère jolie pyramide d'abat-jour
Appartement situé au quatrième étage d'un immeuble
    de la rue Saint-Martin
Non loin de la Porte gardée par deux salamandres
    géantes
Sous laquelle je me tiens moi-même plusieurs heures
    par jour
Que je sois à Paris ou non
La belle Euphorbe appelons la jeune fille Euphorbe
S'inquiète de l'arrêt de l'ascenseur entre le deuxième et
    le troisième étage

A six heures du soir quand le quartier Saint-Martin
commence à broyer de la craie du plantain du vitrail
Rester ainsi suspendue comme une aiguillette à une
veste mexicaine
N'a rien de particulièrement réjouissant
Le palier du second à quelques pieds au-dessous
d'Euphorbe charrie des planches claires l'anguille
d'une rampe et quelques jolies herbes noires très
longues
Qui ressemblent à un vêtement d'homme
La jeune fille surprise en pleine ascension se compare
à un diabolo de plumes
Elle a les yeux plus verts que d'ordinaire n'est verte
l'angélique
Et ces yeux plongent se brûlent à d'autres yeux sur
lesquels glisse une flamme de bore
D'en bas les mollets d'Euphorbe luisent un peu de biais
ce sont deux oiseaux sombres qui doivent être
plus tièdes et plus doux que tous les autres
Les yeux de bore s'y fixent un instant puis le regard
étincelant s'évase dans la robe
Très fine qui est de Paris
C'en est assez pour que ces deux êtres se soient compris
Ainsi dans une hutte par temps de pluie sous les tro-
piques l'énervement fait merveille
Les insectes à taille minuscule déployant de véritables
drapeaux qui traînent partout dans les coins
Une porte qui glisse sur elle-même avec le bruit d'une
ombrelle qu'on ferme
L'enfant est dans les bras de l'homme il sent frémir
la chair au-dessus des jarrets sous la robe qui
remonte un peu comme un fuchsia

L'escalier mal éclairé des ombres grandissent sur le
   mur de faux marbre chair
Ombres de chevaux lancés à toutes guides dans la
   tempête
Ombres de buissons qui courent à leur tour largement
   dépassés
Et surtout ombres de danseurs toujours le même
   couple sur une plaque tournante bordée de draps
Cet instant fait dérailler le train rond des pendules
La rue jette des éclairs Euphorbe sourit sournoisement
   entre la crainte et le plaisir
Je vois son cœur à cette minute il est distrait coupant
   il est le premier bourgeon qui saute d'un marronnier
   rose
Un mot et tout est sauvé
Un mot et tout est perdu
L'inconnu là la tentation comme nulle part ailleurs
   sous ce ciel à la paille de fer
Mais aussi la peur sous cette voûte affolante de pas
   qui vont et qui viennent
A faire un amas de plâtre de cette maison qui est bien
   loin
Un amas de plâtre dans un abri duquel on commence-
   rait à s'aimer
La peur à oublier ses doigts dans un livre pour ne plus
   toucher
A fermer ses yeux dans le sillage du premier venu pour
   éperdument le fuir
Quelle seconde
On sait le reste
Pfuût houch le coup de revolver le sang qui saute
   lestement les marches vertes
Pas assez vite pour que l'homme

Son signalement 1 m. 65 la concierge n'a pas osé
    arrêter ce visiteur inhabituel mais poli
Il était d'autre part très bien de sa personne
Ne s'éloigne en allumant une cigarette
Plus douce que la douleur d'aimer et d'être aimé

DERNIÈRE LEVÉE

La lettre que j'attends voyage incognito dans une
  enveloppe
Que son timbre recouvre et au-delà
Ce timbre est oblitéré par le zodiaque
On a beaucoup de peine à déchiffrer mon nom dans sa
  dentelure
Quand elle me parviendra le soleil sera froid
Il y aura des épaves sur la place Blanche
Parmi lesquelles se distinguera mon courage
Pareil à un treuil d'écureuils
Je l'ouvrirai d'un coup de rame
Et je me mettrai à lire
Cela ne pourra manquer de provoquer un rassemble-
  ment
Mais je ne m'arrêterai pas
Les mots jamais entendus prendront le large
Ils seront de paille enflammée et luiront dans une cage
  d'amiante
Suspendue à l'arbre à devinettes
La lettre que j'attends sera de la couleur des voiliers
  éteints
Mais les nouvelles qu'elle m'apportera leurs formes de
  rosée

Je retrouverai dans ces formes tout ce que j'ai perdu
Ces lumières qui bercent les choses irréelles
Ces animaux dont les métamorphoses m'ont fait une
  raison
Ces pierres que je croyais lancées pour me dépister
  moi-même
Qu'elle est de petites dimensions cette lettre que
  j'attends
Pourvu qu'elle ne s'égare pas parmi les grains de
  poison

UNE BRANCHE D'ORTIE
ENTRE PAR LA FENÊTRE

La femme au corps de papier peint
La tanche rouge des cheminées
Dont la mémoire est faite d'une multitude de petits
    abreuvoirs
Pour les navires au loin
Et qui rit comme un peu de braise qu'on aurait enchâs-
    sée dans la neige
Et qui se voit grandir et diminuer la nuit sur des pas
    d'accordéon
La cuirasse des herbes la poignée de la porte des
    poignards
Celle qui descend des paillettes du sphinx
Celle qui met des roulettes au fauteuil du Danube
Celle pour qui l'espace et le temps se déchirent le soir
    quand le veilleur de son œil vacille comme un elfe
N'est pas l'enjeu du combat que se livrent mes rêves
Oiseau cassant
Que la nature tend sur les fils télégraphiques des
    transes
Et qui chavire sur le grand lac de nombres de son chant
Elle est le double cœur de la muraille perdue
A laquelle s'agrippent les sauterelles du sang

Qui traînent mon apparence de miroir mes mains
de faille
Mes yeux de chenilles mes cheveux de longues baleines
noires
De balcines cachetées d'une cire étincelante et noire

LE GRAND SECOURS MEURTRIER

La statue de Lautréamont
Au socle de cachets de quinine
En rase campagne
L'auteur des Poésies est couché à plat ventre
Et près de lui veille l'héloderme suspect
Son oreille gauche appliquée au sol est une boîte vitrée
Occupée par un éclair l'artiste n'a pas oublié de faire
    figurer au-dessus de lui
Le ballon bleu ciel en forme de tête de Turc
Le cygne de Montevideo dont les ailes sont déployées
    et toujours prêtes à battre
Lorsqu'il s'agit d'attirer de l'horizon les autres cygnes
Ouvre sur le faux univers deux yeux de couleurs
    différentes
L'un de sulfate de fer sur la treille des cils l'autre de
    boue diamantée
Il voit le grand hexagone à entonnoir dans lequel
    se crisperont bientôt les machines
Que l'homme s'acharne à couvrir de pansements
Il ravive de sa bougie de radium les fonds du creuset
    humain
Le sexe de plumes le cerveau de papier huilé

Il préside aux cérémonies deux fois nocturnes qui ont
   pour but soustraction faite du feu d'intervertir
   les cœurs de l'homme et de l'oiseau
J'ai accès près de lui en qualité de convulsionnaire
Les femmes ravissantes qui m'introduisent dans le
   wagon capitonné de roses
Où un hamac qu'elles ont pris soin de me faire de leurs
   chevelures m'est réservé
De toute éternité
Me recommandent avant de partir de ne pas prendre
   froid dans la lecture du journal
Il paraît que la statue près de laquelle le chiendent
   de mes terminaisons nerveuses
Arrive à destination est accordée chaque nuit comme
   un piano

Violette Nozières

(1933)

Tous les rideaux du monde tirés sur tes yeux
Ils auront beau
Devant leur glace à perdre haleine
Tendre l'arc maudit de l'ascendance et de la descendance
Tu ne ressembles plus à personne de vivant ni de mort
Mythologique jusqu'au bout des ongles
Ta prison est la bouée à laquelle ils s'efforcent
    d'atteindre dans leur sommeil
Tous y reviennent elle les brûle

Comme on remonte à la source d'un parfum dans la rue
Ils dévident en cachette ton itinéraire
La belle écolière du lycée Fénelon qui élevait des
    chauves-souris dans son pupitre
Le perce-neige du tableau noir
Regagne le logis familial où s'ouvre
Une fenêtre morale dans la nuit
Les parents une fois de plus se saignent pour leur
    enfant
On a mis le couvert sur la table d'opération
Le brave homme est noir pour plus de vraisemblance
Mécanicien dit-on de trains présidentiels

Dans un pays de pannes où le chef suprême de l'État
Lorsqu'il ne voyage pas à pied de peur des bicyclettes
N'a rien de plus pressé que de tirer le signal d'alarme
    pour aller s'ébattre en chemise sur le talus
L'excellente femme a lu Corneille dans le livre de classe
    de sa fille
Femme française et l'a compris
Comme son appartement comprend un singulier
    cabinet de débarras
Où brille mystérieusement un linge
Elle n'est pas de celles qui glissent en riant vingt francs
    dans leur bas
Le billet de mille cousu dans l'ourlet de sa jupe
Lui assure une rigidité pré-cadavérique
Les voisins sont contents
Tout autour de la terre
Contents d'être les voisins

L'histoire dira
Que M. Nozières était un homme prévoyant
Non seulement parce qu'il avait économisé cent
    soixante-cinq mille francs
Mais surtout parce qu'il avait choisi pour sa fille un
    prénom dans la première partie duquel on peut
    démêler psychanalytiquement son programme
La bibliothèque de chevet je veux dire la table de nuit
N'a plus après cela qu'une valeur d'illustration

Mon père oublie quelquefois que je suis sa fille
        L'éperdu
Ce qui tout à la fois craint et rêve de se trahir
Mots couverts comme une agonie sur la mousse

Celui qui dit les avoir entendus de ta bouche brave
   tout ce qui vaut la peine d'être bravé
Cette sorte de courage est aujourd'hui le seul
Il nous dédommage à lui seul de cette ruée vers une
   tonnelle de capucines
Qui n'existe plus
Tonnelle belle comme un cratère

Mais quel secours
Un autre homme à qui tu faisais part de ta détresse
Dans un lit un homme qui t'avait demandé le plaisir
Le don toujours incomparable de la jeunesse
Il a reçu ta confidence parmi tes caresses
Fallait-il que ce passant fût obscur
Vers toi n'a su faire voler qu'une gifle dans la nuit
   blanche

Ce que tu fuyais
Tu ne pouvais le perdre que dans les bras du hasard
Qui rend si flottantes les fins d'après-midi de Paris
   autour des femmes aux yeux de cristal fou
Livrées au grand désir anonyme
Auquel fait merveilleusement uniquement
Silencieusement écho
Pour nous le nom que ton père t'a donné et ravi

On glisse où s'est posé ton haut talon de sucre

Tout est égal qu'ils fassent ou non semblant de ne pas
   en convenir
Devant ton sexe ailé comme une fleur des Catacombes
Étudiants vieillards journalistes pourris faux révo-
   lutionnaires prêtres juges

Avocats branlants
Ils savent bien que toute hiérarchie finit là

Pourtant un jeune homme t'attendait énigmatique à
une terrasse de café
Ce jeune homme qui au Quartier Latin vendait
paraît-il entre-temps *L'Action française*
Cesse d'être mon ennemi puisque tu l'aimais
Vous auriez pu vivre ensemble bien qu'il soit si
difficile de vivre avec son amour
Il t'écrivait en partant *Vilaine chérie*
C'est encore joli
Jusqu'à plus ample informé l'argent enfantin n'est que
l'écume de la vague

Longtemps après la cavalerie et la chevalerie des
chiens
Violette
La rencontre ne sera plus poétiquement qu'une
femme seule dans les bosquets introuvables du
champ-de-Mars
Assise les jambes en X sur une chaise jaune

L'air de l'eau

(1934)

— carnal unity

— union libre

* <u>Monde dans un baiser</u>
Le joueur à baguettes de coudrier cousues sur les
  manches
Apaise un essaim de jeunes singes-lions
Descendus à grand fracas de la corniche
Tout devient opaque je vois passer le carrosse de la nuit
Traîné par les axolotls à souliers bleus
Entrée scintillante de la voie de fait qui mène au
  tombeau
Pavé de paupières avec leurs cils
La loi du talion use un peuple d'étoiles
Et tu te diapres pour moi d'une rosée noire
Tandis que les effrayantes bornes mentales
A cheveux de vigne
Se fendent dans le sens de la longueur
Livrant passage à des aigrettes
Qui regagnent le lac voisin
Les barreaux du spectacle sont merveilleusement
  tordus
Un long fuseau d'air atteste seul la fuite de l'homme
Au petit matin dans les luzernes illustres
L'heure

N'est plus que ce que sonnent les pièces d'or de la
bohémienne
Aux volants de coréopsis
Une écuyère debout sur un cheval au galop pommelé
    de boules d'orage
De loin les bras sont toujours en extension latérale
Le losange poudreux du dessous me rappelle
La tente décorée de bisons bleus
Par les Indiens de l'oreiller
Dehors l'air essaye les gants de gui
Sur un comptoir d'eau pure
Monde dans un baiser monde
A moi les écailles
Les écailles de la grande tortue céleste à ventre
    d'hydrophile
Qui se bat chaque nuit dans l'amour
Avec la grande tortue noire le gigantesque scolopendre
    de racines

Le poisson-télescope casse des pierres au fond des
    livres
Et le plaisir roule ces pierres
Comme vont à dos d'âne de très jeunes filles d'autre-
    fois
En robes d'acacia
Le temps est si clair que je tremble qu'il ne finisse
Un coup de vent sur tes yeux et je ne te verrais plus
Déjà tous les récifs ont pris le large
Les derniers réverbères de paille reculent devant les
    éteigneurs
Auxquels des papillons blancs font un casque de
    scaphandriers
Ils ne se risqueront pas dans la ville aux grands
    chardons
Où souffle un vent blond à décorner les lucanes
J'habite au cœur d'un de ces chardons
Où tes cheveux sont des poignées de portes sous-
    marines
Des anses à saisir les trésors
Nous pouvons aller et venir sans les pièces frissonnantes
Sans crainte errer dans la forêt de jets d'eau

Nous perdre dans l'immence spath d'Islande
Ta chair arrosée de l'envol de mille oiseaux de paradis
Est une haute flamme couchée dans la neige
La neige de t'avoir trouvée
La descente de lit de loup blanc à perte de vue

Je rêve je te vois superposée indéfiniment à toi-même
Tu es assise sur le haut tabouret de corail
Devant ton miroir toujours à son premier quartier
Deux doigts sur l'aile d'eau du peigne
Et en même temps
Tu reviens de voyage tu t'attardes la dernière dans la
  grotte
Ruisselante d'éclairs
Tu ne me reconnais pas
Tu es étendue sur le lit tu t'éveilles ou tu t'endors
Tu t'éveilles où tu t'es endormie ou ailleurs
Tu es nue la balle de sureau rebondit encore
Mille balles de sureau bourdonnent au-dessus de toi
Si légères qu'à chaque instant ignorées de toi
Ton souffle ton sang sauvés de la folle jonglerie de
  l'air
Tu traverses la rue les voitures lancées sur toi ne sont
  plus que leur ombre
Et la même
Enfant
Prise dans un soufflet de paillettes
Tu sautes à la corde

Assez longtemps pour qu'apparaisse au haut de
   l'escalier invisible
Le seul papillon vert qui hante les sommets de l'Asie
Je caresse tout ce qui fut toi
Dans tout ce qui doit l'être encore
J'écoute siffler mélodieusement
Tes bras innombrables
Serpent unique dans tous les arbres
Tes bras au centre desquels tourne le cristal de la rose
   des vents
Ma fontaine vivante de Sivas

L'aigle sexuel exulte il va dorer la terre encore une
fois
Son aile descendante
Son aile ascendante agite imperceptiblement les
manches de la menthe poivrée
Et tout l'adorable déshabillé de l'eau
Les jours sont comptés si clairement
Que le miroir a fait place à une nuée de frondes
Je ne vois du ciel qu'une étoile
Il n'y a plus autour de nous que le lait décrivant son
ellipse vertigineuse
D'où la molle intuition aux paupières d'agate œillée
Se soulève parfois pour piquer la pointe de son ombrelle
dans la boue de la lumière électrique
Alors des étendues jettent l'ancre se déploient au fond
de mon œil fermé
Icebergs rayonnant des coutumes de tous les mondes à
venir
Nés d'une parcelle de toi d'une parcelle inconnue et
glacée qui s'envole
Ton existence le bouquet géant qui s'échappe de mes
bras

Est mal liée elle creuse les murs déroule les escaliers
   des maisons
Elle s'effeuille dans les vitrines de la rue
Aux nouvelles je pars sans cesse aux nouvelles
Le journal est aujourd'hui de verre et si les lettres
   n'arrivent plus
C'est parce que le train a été mangé
La grande incision de l'émeraude qui donna naissance
   au feuillage
Est cicatrisée pour toujours les scieries de neige
   aveuglante
Et les carrières de chair bourdonnent seules au premier
   rayon
Renversé dans ce rayon
Je prends l'empreinte de la mort et de la vie
A l'air liquide

Le marquis de Sade a regagné l'intérieur du volcan
en éruption
D'où il était venu
Avec ses belles mains encore frangées
Ses yeux de jeune fille
Et cette raison à fleur de sauve-qui-peut qui ne fut
Qu'à lui
Mais du salon phosphorescent à lampes de viscères
Il n'a cessé de jeter les ordres mystérieux
Qui ouvrent une brèche dans la nuit morale
C'est par cette brèche que je vois
Les grandes ombres craquantes la vieille écorce minée
Se dissoudre
Pour me permettre de t'aimer
Comme le premier homme aima la première femme
En toute liberté
Cette liberté
Pour laquelle le feu même s'est fait homme
Pour laquelle le marquis de Sade défia les siècles de ses
grands arbres abstraits
D'acrobates tragiques
Cramponnés au fil de la Vierge du désir

J'ai devant moi la fée du sel
Dont la robe brodée d'agneaux
Descend jusqu'à la mer
Et dont le voile de chute en chute irise toute la
    montagne
Elle brille au soleil comme un lustre d'eau vive
Et les petits potiers de la nuit se sont servis de ses
    ongles sans lune
Pour compléter le service à café de la belladone
Le temps se brouille miraculeusement derrière ses
    souliers d'étoiles de neige
Tout le long d'une trace qui se perd dans les caresses de
    deux hermines
Les dangers rétrospectifs ont beau être richement
    répartis
Des charbons mal éteints au prunellier des haies par le
    serpent corail qui peut passer pour un très mince
    filet de sang coagulé
Le fond de l'âtre
Est toujours aussi splendidement noir
Le fond de l'âtre où j'ai appris à voir

Et sur lequel danse sans interruption la crêpe à dos
    de primevères
La crêpe qu'il faut lancer si haut pour la dorer
Celle dont je retrouve le goût perdu
Dans ses cheveux
La crêpe magique le sceau aérien
De notre amour

Au beau demi-jour de 1934
L'air était une splendide rose couleur de rouget
Et la forêt quand je me préparais à y entrer
Commençait par un arbre à feuilles de papier à cigarettes
Parce que je t'attendais
Et que si tu te promènes avec moi
N'importe où
Ta bouche est volontiers la nielle
D'où repart sans cesse la roue bleue diffuse et brisée qui
   monte
Blêmir dans l'ornière
Tous les prestiges se hâtaient à ma rencontre
Un écureuil était venu appliquer son ventre blanc sur
   mon cœur
Je ne sais comment il se tenait
Mais la terre était pleine de reflets plus profonds que
   ceux de l'eau
Comme si le métal eût enfin secoué sa coque
Et toi couchée sur l'effroyable mer de pierreries
Tu tournais
Nue
Dans un grand soleil de feu d'artifice

Je te voyais descendre lentement des radiolaires
Les coquilles même de l'oursin j'y étais
Pardon je n'y étais déjà plus
J'avais levé la tête car le vivant écrin de velours blanc
    m'avait quitté
Et j'étais triste
Le ciel entre les feuilles luisait hagard et dur comme
    une libellule
J'allais fermer les yeux
Quand les deux pans du bois qui s'étaient brusquement
    écartés s'abattirent
Sans bruit
Comme les deux feuilles centrales d'un muguet
    immense
D'une fleur capable de contenir toute la nuit
J'étais où tu me vois
Dans le parfum sonné à toute volée
Avant qu'elles ne revinssent comme chaque jour à la
    vie changeante
J'eus le temps de poser mes lèvres
Sur tes cuisses de verre

Yeux zinzolins de la petite Babylonienne trop blanche
Au nombril sertissant une pierre de même couleur
Quand s'ouvre comme une croisée sur un jardin
    nocturne
La main de Jacqueline X
Que vous êtes pernicieux au fond de cette main
Yeux d'outre-temps à jamais humides
Fleur qui pourriez vous appeler la réticence du
    prophète
C'en est fait du présent du passé de l'avenir
Je chante la lumière unique de la coïncidence
La joie de m'être penché sur la grande rosace du glacier
    supérieur
Les infiltrations merveilleuses dont on s'aperçoit
    un beau jour qu'elles ont fait un cornet du plancher
La portée des incidents étranges mais insignifiants
    à première vue
Et leur don d'appropriation finale vertigineuse à
    moi-même
Je chante votre horizon fatal
Vous qui clignez imperceptiblement dans la main de
    mon amour

Entre le rideau de vie
Et le rideau de cœur
Yeux zinzolins
Y Z
De l'alphabet secret de la toute-nécessité

polarities tied together w/ ambiguities
polarities w/ resolution —
luminosity

Il allait être cinq heures du matin
La barque de buée tendait sa chaîne à faire éclater les
   vitres
Et dehors
Un ver luisant
Soulevait comme une feuille Paris
Ce n'était qu'un cri tremblant continu
Un cri parti de l'hospice de la Maternité tout proche
FINIS FONDEUR FOU
Mais tout ce qui passait de joie dans l'exhalaison de
   cette douleur
Il me semble que j'étais tombé longtemps
J'avais encore la main crispée sur une poignée d'herbes
Et soudain ce froissement de fleurs et d'aiguilles de
   glace
Ces sourcils verts ce balancier d'étoile filante
De quelles profondeurs pouvait bien remonter la cloche
Hermétique
Dont rien la veille encore ne me faisait prévoir l'arrêt à
   ce palier
La cloche aux parois de laquelle
Ondine

Tout en agitant pour t'élever la pédale du sagittaire en
    fer de lance
Tu avais gravé les signes infaillibles
De mon enchantement
Au moyen d'un poignard dont le manche de corail
    bifurque à l'infini
Pour que ton sang et le mien
N'en fassent qu'un

Ils vont tes membres déployant autour de toi des draps
   verts
Et le monde extérieur
En pointillé
Ne joue plus les prairies ont déteint les jours des clochers
   se rejoignent
Et le puzzle social
A livré sa dernière combinaison
Ce matin encore ces draps se sont levés ont fait voile
   avec toi d'un lit prismatique
Dans le château brouillé du saule aux yeux de lama
Pour lequel la tête en bas
Je suis parti jadis
Draps amande de ma vie
Quand tu marches le cuivre de Vénus
Innerve la feuille glissante et sans bords
Ta grande aile liquide
Bat dans le chant des vitriers

Et mouvement encore
Mouvement rythmé par le pilage de coquilles d'huître
  et d'étoiles rousses
Dans les tapas des îles heureuses
Je pense à un très ancien livre de voyages
Où l'on conte qu'un marin abandonné dans l'une de
  ces îles
S'était épris si éperdument d'une indigène
Et s'en était fait si éperdument aimer
Qu'ils parvenaient à échanger sur toutes choses des
  impressions parfois très subtiles
Au moyen d'un langage unique de caresses
Lorsque je te vois je retrouve en moi cet homme qui
  avait oublié trop volontiers la parole
Et je souris lorsqu'un ami me reproche non sans raison
De ne pas avoir en général
Montré assez de défiance à l'égard de cette obsession
  poétique
Il dit même de cette fausse intuition tyrannique
Que serait la nostalgie de l'âge d'or
Mais les événements modernes ne sont pas forcément
  dépouillés de tout sens originel et final

Et la rencontre
Élective vraiment comme elle peut être
De l'homme et de la femme
Toi que je découvre et qui restes pour moi toujours à
    découvrir
Les premiers navigateurs à la recherche moins des
    pays
Que de leur propre cause
Voguent éternellement dans la voix des sirènes
Cette rencontre
Avec tout ce qu'elle comporte à distance de fatal
Cette précipitation l'un vers l'autre de deux systèmes
    tenus séparément pour subjectifs
Met en branle une série de phénomènes très réels
Qui concourent à la formation d'un monde distinct
De nature à faire honte à ce que nous apercevrions
A son défaut
De celui-ci
La barbarie des civilisations n'y peut rien
Je lisais tout à l'heure dans l'Humanité
Qu'en Oïrotie
Dans une contrée où toutes les jolies filles il y a vingt ans
Étaient vendues aux beys
La femme ayant acquis maintenant le droit de disposer
    d'elle-même
On avait pu voir
Un jeune homme apporter à une jeune fille un petit
    bouquet

A ta place je me méfierais du chevalier de paille
Cette espèce de Roger délivrant Angélique
Leitmotiv ici des bouches de métro
Disposées en enfilade dans tes cheveux
C'est une charmante hallucination lilliputienne
Mais le chevalier de paille le chevalier de paille
Te prend en croupe et vous vous jetez dans la haute
    allée de peupliers
Dont les premières feuilles perdues beurrent les roses
    morceaux de pain de l'air
J'adore ces feuilles à l'égal
De ce qu'il y a de suprêmement indépendant en toi
Leur pâle balance
A compter de violettes
Juste ce qu'il faut pour que transparaisse aux plus
    tendres plis de ton corps
Le message indéchiffrable capital
D'une bouteille qui a longtemps tenu la mer
Et je les adore quand elles se rassemblent comme un
    coq blanc
Furieux sur le perron du château de la violence

Dans la lumière devenue déchirante où il ne s'agit plus
de vivre
Dans le taillis enchanté
Où le chasseur épaule un fusil à crosse de faisan
Ces feuilles qui sont la monnaie de Danaé
Lorsqu'il m'est donné de t'approcher à ne plus te voir
D'étreindre en toi ce lieu jaune ravagé
Le plus éclatant de ton œil
Où les arbres volent
Où les bâtiments commencent à être secoués d'une
gaîté de mauvais aloi
Où les jeux du cirque se poursuivent avec un luxe
effréné dans la rue
Survivre
Du plus loin deux ou trois silhouettes se détachent
Sur le groupe étroit bat le drapeau parlementaire

On me dit que là-bas les plages sont noires
De la lave allée à la mer
Et se déroulent au pied d'un immense pic fumant de
  neige
Sous un second soleil de serins sauvages
Quel est donc ce pays lointain
Qui semble tirer toute sa lumière de ta vie
Il tremble bien réel à la pointe de tes cils
Doux à ta carnation comme un linge immatériel
Frais sorti de la malle entrouverte des âges
Derrière toi
Lançant ses derniers feux sombres entre tes jambes
Le sol du paradis perdu
Glace de ténèbres miroir d'amour
Et plus bas vers tes bras qui s'ouvrent
A la preuve par le printemps
D'APRÈS
De l'inexistence du mal
Tout le pommier en fleur de la mer

Toujours pour la première fois
C'est à peine si je te connais de vue
Tu rentres à telle heure de la nuit dans une maison
    oblique à ma fenêtre
Maison tout imaginaire
C'est là que d'une seconde à l'autre
Dans le noir intact
Je m'attends à ce que se produise une fois de plus la
    déchirure fascinante
La déchirure unique
De la façade et de mon cœur
Plus je m'approche de toi
En réalité
Plus la clé chante à la porte de la chambre inconnue
Où tu m'apparais seule
Tu es d'abord tout entière fondue dans le brillant
L'angle fugitif d'un rideau
C'est un champ de jasmin que j'ai contemplé à l'aube
    sur une route des environs de Grasse
Avec ses cueilleuses en diagonale
Derrière elles l'aile sombre tombante des plants
    dégarnis

Devant elles l'équerre de l'éblouissant
Le rideau invisiblement soulevé
Rentrent en tumulte toutes les fleurs
C'est toi aux prises avec cette heure trop longue jamais
    assez trouble jusqu'au sommeil
Toi comme si tu pouvais être
La même à cela près que je ne te rencontrerai peut-être
    jamais
Tu fais semblant de ne pas savoir que je t'observe
Merveilleusement je ne suis plus sûr que tu le sais
Ton désœuvrement m'emplit les yeux de larmes
Une nuée d'interprétations entoure chacun de tes
    gestes
C'est une chasse à la miellée
Il y a des rocking-chairs sur un pont il y a des bran-
    chages qui risquent de t'égratigner dans la forêt
Il y a dans une vitrine rue Notre-Dame-de-Lorette
Deux belles jambes croisées prises dans de hauts bas
Qui s'évasent au centre d'un grand trèfle blanc
Il y a une échelle de soie déroulée sur le lierre
Il y a
Qu'à me pencher sur le précipice
De la fusion sans espoir de ta présence et de ton absence
J'ai trouvé le secret
De t'aimer
Toujours pour la première fois

Au Lavoir noir

(1936)

Papillons de nuit, petits toits de la nécessité naturelle
à l'œil de paille, à l'œil de poutre! Et vous, toits
humains qui vous envolez chaque nuit aussi pour
revenir vous poser les ailes jointes sous le compas des
dernières étoiles : il va falloir vivre encore, quel temps
fait-il? De l'intérieur de la maison on découvre en
s'éveillant le dessous des ailes, un peu de leur poussière
n'a pas encore fini de tomber, elle danse dans le pre-
mier rayon de soleil. Et c'est toute la vie d'hier qui se
ramifie en un corail impossible de la pâleur de tes mains,
cette poudre est le buvard de tes premiers gestes. Les
as-tu vus s'élancer à la tombée du jour des arbres
et des haies, pour couper les fils télégraphiques qui se
roulent en bobines derrière eux et foncer par les fenê-
tres entrouvertes sur la dragée haute? Un long frisson
parcourt aussitôt l'assistance, il est à la fois question
de fermer et d'ouvrir; quelqu'un trouve même qu'une
odeur suffocante se répand : à bas la myrrhe! Les
fusils restent cependant aux murs mais le silence
devient intolérable : bien sûr, on entendrait voler un
papillon. Les avions se croisent à ce moment dans le
ciel, ils descendent même très bas, ils menacent

d'atterrir sur la maison sans toit, de faire jacasser les
coqs de la vaisselle. Mais nul n'en a cure tant les
fleurs du papier s'émeuvent, et l'on redoute d'une
seconde à l'autre une pire rafale de grêle. Tout peut
apparaître dans un grêlon, la Vierge à des enfants,
cela s'est vu, et même un papillon à des hommes.
Mais le papillon disparaît beaucoup plus lentement.
Dans ce dernier cas tout me porte à croire que je suis
coupable, on vient me chercher jusqu'à table, je dis-
tingue les menottes, il va me falloir lutter, lutter
encore pour être libre! La nuit, quand il n'y a plus de
plafond, je sens s'ouvrir sur moi les ailes de la lichénée
bleue! Un soir que je parlais plus que de coutume, un
grand papillon entra : pris d'une terreur indicible à
pointe d'émerveillement, comme je lui opposais les
grands gestes désordonnés que je croyais appelés à le
faire fuir il se posa sur mes lèvres.

LE PAPILLON

Non. La belle bouteille cachetée des mots que tu
aimes et qui te font mal doit rester enrobée de tulle
et tu risquerais à l'élever trop haut de faire flamber à
l'intérieur une rose grise. Une jeune femme en transe,
chaque fois que s'enflamme la rose grise, apparaît
sur un perron dont les degrés brûlent à leur tour
derrière elle et c'est autant de paliers du désir que tu
n'atteindras plus. La jeune femme, l'immortelle rose
grise à la main, fait le tour de la maison qui descend
toujours. C'est seulement quand les murs en ont déjà
disparu dans le sol qu'elle retourne s'étendre sur le lit
de la chambre qui fut la plus haute et que referme

instantanément au-dessus d'elle une coupe fraîche de gazon. Toute la maison, reprise alors en montée par un ascenseur insensible, revient dans l'espace à une position légèrement inférieure à celle qu'elle occupait. Le gazon de plus en plus ras n'est plus, tiré aux quatre points cardinaux, qu'un tamis de gaze verte laissant passer dans la nuit le seul parfum aimanté de la rose grise... Adieu. Je repars sur ma roue oblongue, pareille au désir japonais de se jeter dans la gueule du volcan.

Et le merveilleux petit bâillon vivant reprit sa course, tant qu'il fut dans la pièce suivi comme au projecteur par la lanterne sourde de mon enfance. Mes cils battaient toujours à se rompre et je n'aurais sans doute pas reconnu mon regard épinglé dans une glace en sortant. Depuis longtemps on m'avait laissé seul. La rue était une table mise avec les couverts bien réguliers de ses lumières, les cristaux de ses voitures filant les éclairs, où cependant, de-ci de-là, le haut d'un buste de femme, rendu lui aussi transparent par la vitesse, mettait l'imperceptible point de phosphorescence laiteuse qui tend à gagner toute l'étendue des verreries de fouille. O substance, m'écriai-je, il faut donc toujours en revenir aux ailes de papillon! Et j'avais, pour ma consolation philosophique, le souvenir de l'homme qui, consulté sur ce qu'il aimerait qu'on fît pour lui quand il viendrait à mourir, demanda qu'on plaçât dans son cercueil une brosse (pour quand il tomberait en poussière). La belle brosse sentimentale court toute seule sur le temps. Jasmina, jasmins des cuisses de ma maîtresse, rappelez à vous l'atropos qui jette un cri strident lorsqu'on le saisit.

Les plus obscurs présages renaissaient. Ils se gui-
daient sur ce cri lugubre, repris par l'instrument qu'un
mendiant cherchait à accorder, un instrument aux
ouïes en forme de V. Les étoiles étaient du sel renversé,
vite une pincée d'algues sèches par-dessus l'épaule.
Le pharmacien, qui s'était fait la tête du peintre
Seurat, venait de paraître sur sa porte, tenant mani-
festement à régner sur la bonne odeur d'iode supplé-
mentaire. Je n'ai jamais compris pourquoi il avait
voulu venir flanqué de ses bocaux vert et rouge au
Palais des Glaces mais l'effet était superbe. Quand ils
furent inespérément teintés à perte de vue, tous les
miroirs d'alors se brisèrent en forme de papillons.

C'est dans l'un de ces éclats que je me regarde. Tu
es dans ta pensée comme sur un talon toujours virant
un vol de castagnettes, tu es, te dis-je, dans ton sort,
attaché au mauvais diamant rose, le genou de la femme
sur quoi, dans l'étourdissement, retombe le volant
d'écume admirable. Tu as des mains pour perdre ce
que tu n'as pas trouvé. Tu es immobile, enchaîné à la
roche froide au-dessus du précipice, en ce point cul-
minant de toute la tragédie où Io passe dans Eschyle,
annoncée par la phrase sibylline :

LE CHŒUR

Entends-tu la voix de cette jeune fille-qui-porte-des-
cornes-de-vache ?

Je l'entends comme je me vois. A ce signe sur sa

tête, à cet aiguillon de feu qui la pénètre et qu'elle
fuit, je reconnais celle qui répand chaque nuit sa
grande plainte voluptueuse sur le monde, je sais la
saluer à travers tous ces êtres qui me poursuivent
de leurs courbes contrariantes et augurales comme
les loups seuls visibles d'un bal masqué. Ce qui fut ne
demande encore qu'à s'assombrir dans les yeux de
l'Argus aveugle et brillant qui veille toujours. Mais le
guidon de plumes ne lance pas en vain contre le lustre
de ce que nous rêvons logiquement d'établir la petite
machine parfois incendiée, toujours incendiaire. En-
tends-tu, mais entends-tu, dis-moi, la voix de cette
jeune fille...? Le soleil vient seulement de se coucher.

L'UNION LIBRE

LE REVOLVER A CHEVEUX BLANCS

VIOLETTE NOZIÈRES

L'AIR DE L'EAU

Ce volume,
le onzième de la collection Poésie
a été achevé d'imprimer sur les presses
de l'imprimerie Bussière à Saint-Amand (Cher),
le 27 décembre 1988.
Dépôt légal : décembre 1988.
1ᵉʳ dépôt légal dans la collection : septembre 1966.
Numéro d'imprimeur : 6970.
ISBN 2-07-030045-5./Imprimé en France.

45382